新能源汽车维护

组　编　北京百通科信机械设备有限公司
主　编　郑军武　谭　婷
副主编　李　琼　何兆华　许文杰
参　编　冯　帆　唐金友　张秋华　李　坦　王　惠
主　审　王桂成

机械工业出版社

本书依据新能源汽车维护过程中的典型工作任务，并参照新能源汽车领域相关技术标准，由北京百通科信机械设备有限公司与江苏省无锡交通高等职业技术学校合作，探索"岗课赛证"综合育人模式改革编写而成。本书主要内容包括整车维护前的检查准备、整车PDI检查、整车常规维护与小总成更换3个项目。其中，整车维护前的检查准备项目包括售后服务部门与职责、整车功能操作两个学习情境；整车常规维护与小总成更换项目包括维护计划的制订与调整、驱动系统的维护与小总成更换、整车底盘系统的维护与小总成更换、车身电气系统的维护与小总成更换4个学习情境。每个学习情境分为若干个学习任务，学习任务以生产任务为蓝本进行编写，与岗位紧密结合，有效促进了岗课融通。同时，紧紧围绕职业技能等级证书技能标准要求，以其为教材编写的指导依据，实现了书证融通。在技能操作规范上，引进"新能源汽车技能竞赛"要求，使在培养学生技能上更加科学。

本书既可以作为中、高等职业学校新能源汽车类专业的教学用书，也可以作为从事新能源汽车后市场服务相关人员的培训用书。

为了方便教学，本书配有电子课件、教案和答案等资源。凡选用本书作为授课教材的教师均可登录机械工业出版社教育服务网（www.cmpedu.com），以教师身份注册后免费下载。或来电咨询，咨询电话：010-88379201。

图书在版编目（CIP）数据

新能源汽车维护/郑军武，谭婷主编. —北京：机械工业出版社，2023.11
ISBN 978-7-111-74611-9

Ⅰ. ①新… Ⅱ. ①郑… ②谭… Ⅲ. ①新能源–汽车–车辆修理–职业教育–教材　Ⅳ. ①U469.707

中国国家版本馆CIP数据核字（2024）第035866号

机械工业出版社（北京市百万庄大街22号　邮政编码100037）
策划编辑：师　哲　　　　　责任编辑：师　哲
责任校对：孙明慧　张　薇　　封面设计：张　静
责任印制：李　昂
河北宝昌佳彩印刷有限公司印刷
2024年4月第1版第1次印刷
210mm×285mm・13.25印张・307千字
标准书号：ISBN 978-7-111-74611-9
定价：55.00元

电话服务　　　　　　　　　网络服务
客服电话：010-88361066　　机　工　官　网：www.cmpbook.com
　　　　　010-88379833　　机　工　官　博：weibo.com/cmp1952
　　　　　010-68326294　　金　书　网：www.golden-book.com
封底无防伪标均为盗版　　　机工教育服务网：www.cmpedu.com

职业教育新能源汽车技术专业系列教材编审委员会

主 任 吴书龙　戴景岩
副主任 张　萌　邸玉峰
委　员 苏　忆　毕丽丽　程玉光　陈　静　高　武　郭化超
　　　　　龚文资　李志军　黄维娜　牛　伟　郑军武　谭　婷
　　　　　袁　牧　杨效军　王　斌　宋广辉　张凤娇　王　博
　　　　　杨永志　王桂成　薛庆文　吕世敏　马　鑫

前言 PREFACE

2020年11月，国务院办公厅印发的《新能源汽车产业发展规划（2021—2035年）》中指出总体思路：以习近平新时代中国特色社会主义思想为指引，坚持创新、协调、绿色、开放、共享的发展理念，以深化供给侧结构性改革为主线，坚持电动化、网联化、智能化发展方向，深入实施发展新能源汽车国家战略，以融合创新为重点，突破关键核心技术，提升产业基础能力，构建新型产业生态，完善基础设施体系，优化产业发展环境，推动我国新能源汽车产业高质量可持续发展，加快建设汽车强国。

为满足行业对新能源汽车技术、智能网联汽车技术等领域专业人才的需求，促进高职院校汽车专业"岗课赛证"综合育人教学改革，江苏省无锡交通高等职业技术学校联合无锡商业职业技术学院等职业院校和北京百通科信机械设备有限公司结合新能源汽车装调与测试职业技能等级证书、全国职业院校技能大赛汽车故障检修赛项的要求编写了本书。

本书主要特色如下：

1）聚焦"岗课赛证"综合育人理念，对课程的知识点、技能点、项目资源进行结构设计，将项目评价、职业技能等级证书评价、全国职业院校技能大赛评价融入课程教学考核评价体系，注重实用性，体现先进性，保证科学性，凸显职业性，贯穿可操作性。

2）将文化教育与素质教育相融合，以专业人才培养目标为依据，以所在专业能力结构为主线，贯彻落实党的二十大精神，发挥铸魂育人实效。本书文字简洁、通俗易懂、图文并茂、形象直观，在培养学生专业能力的同时，关注学生身心的健康发展，坚定学生的理想信念，加强职业道德与爱国主义的教育，激发学生的家国情怀和使命担当，培养学生的工匠精神，造就适合新时代发展需要的高素质人才。

3）本书为校企合作开发教材，立足先进的职业教育理念，紧跟新能源汽车产业的发展步伐，反映产业升级和行业发展需求，体现新知识、新技术、新工艺、新方法、新材料。

4）本书按照工作手册式教材形式打造，借助"互联网+"及信息技术，使本书内容立体化、可视化、数字化，能够满足"人人皆学、处处能学、时时可学"的学习需要，同时本书紧抓数字化机遇，将二维码等数字技术融入教材，助力学生学习成长，进一步丰富、优化、更新教材数字化资源，推进教育数字化。

本书由江苏省无锡交通高等职业技术学校郑军武和江苏省无锡汽车工程高等职业技术学校谭婷担任主编，湖南工业职业技术学院李琼、江苏省无锡交通高等职业技术学校何兆华和苏州建设交通高等职业技术学校许文杰担任副主编，冯帆、唐金友、张秋华、李坦、王惠参与编写。捷豹路虎（中国）投资有限公司北京企业管理分公司王桂成担任主审。在本书编写过程中，北京百通科信机械设备有限公司提供了大量设备和技术支持，在此表示衷心的感谢。

由于编者水平有限，书中难免有错漏之处，敬请读者批评指正。

编　者

二维码索引

名称	图形	页码	名称	图形	页码
遥控钥匙的检测		11	更换双离合自动变速器油（EV450 TCU）		57
遥控钥匙的相关操作		11	驱动电机绝缘性检测		65
应急解锁		12	电机控制器的检查		75
智能进入		12	动力蓄电池的拆卸		95
充电测试		13	动力蓄电池的安装		95
动力模式切换		16	转向横拉杆的更换		121
PDI 检查—车外		25	车轮与轮胎的检查与维护		131
PDI 检查—车内		25	高压控制盒的更换		159
新能源汽车维护		34	洗涤系统的维护与小总成更换操作		169
变速器润滑油的检查		48	照明信号系统的维护与小总成更换操作		177

（续）

名称	图形	页码	名称	图形	页码
喇叭与蓄电池的维护与小总成更换操作		184	制冷剂回收加注		194
车窗及空调功能检查		192	PTC 模块的更换		197
空调滤芯的更换		193			

目 录 CONTENTS

前言
二维码索引

项目一　整车维护前的检查准备

学习情境一　售后服务部门与职责···2
　　任务　售后服务部门与职责的认知···2

学习情境二　整车功能操作···8
　　任务　整车功能操作的认知···8

项目二　整车PDI检查

学习情境　整车 PDI 检查的认知···22
　　任务　对新车进行整车 PDI 检查···22

项目三　整车常规维护与小总成更换

学习情境一　维护计划的制订与调整···30
　　任务　维护计划的制订···30

学习情境二　驱动系统的维护与小总成更换··········43

任务一　减速器油液的检查与维护··········43
任务二　混合动力自动变速器的检查与维护··········52
任务三　驱动电机的检查与维护··········61
任务四　电机控制器的检查与维护··········72
任务五　动力蓄电池的维护与小总成更换··········82

学习情境三　整车底盘系统的维护与小总成更换··········103

任务一　制动系统的维护与小总成更换··········103
任务二　转向系统的维护与小总成更换··········117
任务三　行驶系统的维护与小总成更换··········127

学习情境四　车身电气系统的维护与小总成更换··········146

任务一　充电系统的维护与小总成更换··········146
任务二　洗涤系统的维护与小总成更换··········167
任务三　照明信号系统的维护与小总成更换··········174
任务四　喇叭与蓄电池的维护与小总成更换··········181
任务五　舒适娱乐系统的维护与小总成更换··········188

参考文献··········201

项目一
整车维护前的检查准备

本项目包括售后服务部门与职责、整车功能操作两个学习情境。

学习情境一

售后服务部门与职责

　　汽车销售服务公司主要由销售、售后、客户关爱、金融和财务部组成,其中售后服务部门主要针对客户在车辆使用过程中遇到的问题进行解决,涉及客户接待、车辆维修和配件管理等项目。客户接待是连接客户与汽车服务公司的纽带,是售后服务重要的环节。

任务　售后服务部门与职责的认知

【学习目标】

知识目标:
1) 了解售后服务部门主要的岗位与职责。
2) 了解维修接待服务单的主要组成与功用。

技能目标:
1) 具有正确填写维修接待服务单的能力。
2) 具有完成维修接待服务单作业内容的能力。

素养目标:
1) 掌握基本的服务礼仪,遵守职业道德规范。
2) 具有良好的服务意识,工作认真细致。

【任务描述】

　　一辆新能源汽车因发生故障被送到汽车服务公司,售后接待小李接待了客户。按照流程,小李需要根据维修接待服务单的内容,咨询客户并做相应的检查,对车辆进行先期的预诊断,完成相关操作后,按照工单填写要求及时填写维修接待服务单。

【获取信息】

1. 售后服务部门的主要职责

（1）售后服务部

1）客户的技术服务与支持。

2）建立并管理用户车辆档案，负责对客户进行培训。

3）客户抱怨、投诉、纠纷的协调、处理和记录。

4）产品保修的审查、统计和结算。

5）产品质量信息收集，产品质量改进建议，并及时反馈有关部门。

6）服务网络的布局、规划、建设、发展。

7）服务站的管理、协调与考评。

8）服务站维修人员的培训及技术支持。

9）旧件处理及二次索赔工作。

10）配件供应体系的规划与实施。

11）建立、健全合理高效的配件运作体系。

12）售后服务部人员的管理、考评与培训。

（2）技术服务部

1）客户信息导入，车辆档案管理。

2）客户的技术服务与支持。

3）客户抱怨、投诉、纠纷的协调、处理和记录。

4）协调与公司其他部门之间相关的责任认定。

5）收集车辆的管理、使用、维修和维护等方面的经验，并编写成册。

6）参与服务站的业务管理和考评。

7）协调各配套厂的服务和重要零部件批量故障的赔偿工作。

8）体系认证支持及相关的档案管理。

9）产品质量信息管理、质量改进建议，并及时反馈有关部门。

10）售后技术服务人员的培训、考评与管理。

（3）配件部

1）配件供应体系的规划与实施。

2）建立、健全合理、通畅的配件供应渠道。

3）建立、健全合理、有效的配件运作体系。

4）配件中心库的监督与管理。

5）参与驻外服务人员的考评工作。

6）参与服务站的监督与考评。

7）配件服务的调研与规划。

8）与配件服务相关的信息收集和反馈。

2. 售后服务流程

售后服务的流程如图1-1所示。

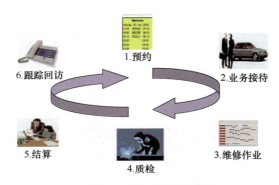

图 1-1 售后服务的流程

3. 维修接待服务单的构成和作用

（1）客户陈述记录　用于记录客户在实际使用中遇到的问题和故障现象。

（2）故障预诊　对常见的故障进行先行诊断。

（3）车辆维修代码记录　记录故障码，方便维修技师进行故障诊断。

（4）维修方案建议　根据故障情况，制订维修方案供客户选择。

（5）快修维护业务记录　针对快修车辆进行快速登记，简化流程，缩短快修维护的时间。

（6）实车确认

1）车身确认：确认车身外观的漆面及覆盖件的情况。

2）功能确认：确认常用功能是否正常，对车辆进行常规检查。

3）物品确认：确认客户的物品。贵重物品要求客户随身携带。

（7）其他事项　其他事项包括预计交车时间、是否需要洗车、旧件是否带走、是否在店等待等。

售后服务部门与职责的认知	学习任务单	班级： 姓名：

1. 售后服务部门主要包括_____、_____和_____。

2. 售后服务的主要流程包括_____、_____、_____、_____和_____。

3. 维修接待服务单的构成包括_____、_____、_____、_____、_____和_____。

4. 售后服务部的主要职责包括_____。

5. 根据售后服务的作业内容，说说哪些行为是违反职业道德的。

【任务实施】 工单的书写和处理

【实训器材】

吉利 EV450 纯电动汽车、常用工具和使用手册等。

【作业准备】

将车辆在工位停放周正，铺好车内和车外护套。

【操作步骤】

序号	填写项目	填写要求	注意事项
1	车辆基本信息	书写工整、准确无误	VIN 位数要正确
2	客户陈述记录	记录维修情况、使用情况和故障现象	确认故障是首次维修还是多次维修
3	故障预诊	对有问题的部分需要记录清楚	预诊主要针对常规故障
4	车辆故障码	故障码需要记录完整	历史故障码不需要记录
5	维修方案建议	写清需要的费用、时间和效果	填写费用时要考虑周全，包含全部费用
6	工时	项目清楚、完整	需要有汇总的总金额
7	零部件价格	项目清楚、完整、数量准确	需要有汇总的总金额
8	车身情况确认	故障部位和数量需要标注清晰	防止有遗漏未登记
9	功能确认	检查到位，无遗漏	不同的车型检查项目不同
10	物品确认	检查到位，无遗漏	特殊情况需要及时备注
11	旧配件是否需要交还	不可遗忘，标记清晰	若客户更改要求，需要及时标记
12	客户确认签字	客户本人签字	如果代签，需要标注 ××× 代签
13	服务顾问签字	必须填写	服务过程由两人共同完成时，需要共同签字
14	联系手机号码	手机号码清晰完整	需要客户本人的手机号码

维修接待服务单

车牌号码		车型		行驶里程	km	来店时间	/ :

<table>
<tr><td rowspan="2">一般维修接待</td><td colspan="3">客户陈述记录：
1

2

3

4

5

服务顾问建议内容

注：本次检测如不在本店维修，请支付本次检测费　元</td><td colspan="3">技术问诊栏

1. 车辆出现什么问题？

例："嗒、嗒、嗒"的响声，响声音质较清晰
2. 具体哪个部位出现问题？

例：车体后部多处位置有响声，但在右后翼子板位置附近最明显
3. 什么时间、路段出现了故障？

例：在不平路面时
4. 故障发生时，车辆处于什么状态？

例：在离店不远的一段平整、硬化的路面上试车，车速约为20~30km/h
5. 故障可以再现吗？

例：在不平路面时，可以再现</td></tr>
</table>

<table>
<tr><td rowspan="6">快修车辆接待</td><td colspan="4">快修维护作业</td><td colspan="2" rowspan="2">车间检查诊断结果</td></tr>
<tr><td colspan="3">零部件</td><td rowspan="2">工时费</td></tr>
<tr><td>项目</td><td>数量</td><td>零部件价格</td><td colspan="2"></td></tr>
<tr><td></td><td></td><td></td><td></td><td colspan="2"></td></tr>
<tr><td></td><td></td><td></td><td></td><td colspan="2"></td></tr>
<tr><td>预计收费</td><td colspan="2">预计交车时间</td><td>预计完工时间</td><td>作业班组</td><td>作业工位</td></tr>
</table>

	A—凹陷　D—掉漆　H—划痕　L—裂纹　P—破损 X—锈蚀	功能确认	（正常画"√"，否则画"×"）
实车确认		天窗□ 座椅□ 音响□ 空调□	点烟器□ 防盗器□ 玻璃升降□ 电量确认□
		物品确认	（有则画"√"，否则画"×"）
		眼镜□ 备胎□ 警示牌□ 其他物品	工具包□　　　　香烟□ （　）包 千斤顶□　　酒□（　）瓶 灭火器□　　　　现金□
		特别说明	如车辆经过性能改装，也请在此注明

旧件是否需要交还□　是否需要洗车□　是否在店等待□	在车辆进入维修之前，请自行保管贵重物品

工单的书写和处理		实习日期：	
姓名：	班级：	学号：	教师签名：
自评：□熟练 □不熟练	互评：□熟练 □不熟练	师评：□合格 □不合格	
日期：	日期：	日期：	

工单的书写和处理【评分细则】

序号	评分项	得分条件	分值	评分要求	自评	互评	师评
1	安全/7S/态度	□1. 能进行工位 7S 操作 □2. 能进行设备和工具安全检查 □3. 能进行车辆安全防护操作 □4. 能进行工具清洁、校准和存放操作 □5. 能进行三不落地操作	15	未完成 1 项扣 3 分	□熟练 □不熟练	□熟练 □不熟练	□合格 □不合格
2	专业技能能力	□1. 能正确检查车身状况 □2. 能正确检查车辆常用功能 □3. 能正确检查客户的随车物品 □4. 能正确计算工时及费用 □5. 能正确对车辆进行预诊 □6. 能正确记录故障现象 □7. 能正确记录车辆常规信息 □8. 能正确制订维修预案	35	未完成 1 项扣 4 分	□熟练 □不熟练	□熟练 □不熟练	□合格 □不合格
3	使用工具及设备的能力	□1. 能正确使用故障诊断仪 □2. 能正确使用万用表 □3. 能正确使用举升机	10	未完成 1 项扣 3 分	□熟练 □不熟练	□熟练 □不熟练	□合格 □不合格
4	资料、信息查询能力	□1. 能正确查询用户手册 □2. 能正确使用维修手册查询资料 □3. 能正确记录所需填写数据	10	未完成 1 项扣 3 分	□熟练 □不熟练	□熟练 □不熟练	□合格 □不合格
5	表单填写、报告撰写的能力	□1. 字迹清晰 □2. 语句通顺 □3. 无错别字 □4. 无涂改 □5. 无抄袭 □6. 记录准确	30	未完成 1 项扣 5 分	□熟练 □不熟练	□熟练 □不熟练	□合格 □不合格

总分：

学习情境二
整车功能操作

整车功能操作指的是对车辆常用的功能进行操作,主要包含正确操作车辆智能进入和智能起动系统,正确对车辆充电和放电操作,准确识读仪表报警指示灯的含义等,从而保证正确使用车辆,并判定相关功能是否异常。

任务　整车功能操作的认知

【学习目标】

知识目标:
1)了解车辆的主要功能和作用。
2)掌握电子用户手册的下载与使用方法。

技能目标:
1)具有正确进行电动汽车充电与放电的操作能力。
2)具有正确智能进入和智能起动车辆的能力。
3)具有正确更换遥控钥匙电池的能力。
4)具有正确识读仪表故障指示灯含义的能力。
5)具有完成电动汽车双模系统工作模式切换的能力。

素养目标:
1)在操作过程中树立高压安全意识。
2)以比亚迪 DM 双模系统介绍作为切入点,培养学生对中国汽车产业的自信心。

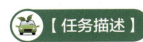【任务描述】

一辆新能源汽车被送到 4S 店进行维护,在正式开始维护作业前,需要对车辆的常用功能、是否能正常使用进行检查,检查的项目主要包括防盗系统、充电系统和动力系统

等，根据需要检查的内容，制订检查方案，快速、准确地完成相关的检查。

【获取信息】

1. 汽车遥控钥匙的主要功能

1）汽车遥控钥匙的主要作用是遥控开、关汽车门锁。

2）熄火后关车窗：只要长按遥控钥匙上的关门键，就能关上车窗。

3）停车场找车：汽车钥匙上有一个红色的喇叭形按钮，这个按钮兼具找车和求救功能，可以让车持续鸣喇叭。

4）遥控打开行李舱：汽车遥控钥匙上有开启行李舱的按键。

2. 智能进入和智能起动系统

1）智能进入系统可以使车辆在一定范围内自动识别钥匙的信号，自动解锁车门，不需要驾驶人操作钥匙就可以进入车辆。

2）智能起动系统是采用先进的无线射频识别技术，通过驾驶人随身携带的钥匙里的芯片感应，在驾驶人进入车内时，车内的检测系统会马上识别钥匙信息而立即进入工作状态，这时只需轻轻按动车内的起动按钮（部分车是旋钮式），就可以正常起动车辆了。也就是说，无论在车内还是车外，都可以保证系统能正确识别驾驶人，即起动车辆不用掏钥匙，把钥匙放在包内或口袋里，按下起动开关或踩下制动踏板即可使车辆起动。

3. 直流充电和交流充电的主要区别

直流充电和交流充电的区别是电源不同，如果是直流电源则是直流充电，如果是交流电源则是交流充电。但动力蓄电池本身只能接受直流充电，如果外部接入的是交流电，则需要先通过车载充电机（OBC），进行AC/DC转换（即交流转直流），再给动力蓄电池进行充电。如果外部接入电动汽车的是直流电，则电能直接输入动力蓄电池，无须转化。交流充电一般都是慢充，直流充电一般都是快充。

4. 车外放电

借助专用的转换设备，可将动力蓄电池里的直流电转换成交流电，直接供家用电器使用。

5. 仪表报警指示灯的作用

1）指示类：用来说明车辆现在的工作状态。

2）提示类：如果指示灯亮起，说明车辆的状态不正常或驾驶不得当，需要及时处理。

3）故障类：如果故障类图标亮起，说明车已经存在故障了，应该尽快进行彻底检修。

6. 新能源汽车的双模系统

纯电动汽车简称为EV，混合动力汽车简称为HEV，则双模电动汽车是EV+HEV，简言之就是可充电的混合动力电动汽车。

7. 电子用户手册的下载与使用方法（以比亚迪汽车为例）

1）下载方法。

步骤1：打开比亚迪官网首页。

步骤2：在产品及解决方案目录中选择乘用车。

步骤3：选择任意一款车型进入。

步骤4：在网页最底端选择更多推荐。

步骤5：在业务支持中选择售后服务。

步骤6：在网页最底端有下载用户手册选项。

步骤7：选择车型下载用户手册。

2）使用方法。

方法1：根据图片索引，查找到需要的内容。注意查看温馨提示和警告内容。

方法2：根据目录索引，查找到需要的内容。注意查看温馨提示和警告内容。

整车功能操作的认知	学习任务单	班级：
		姓名：

1. 请写出遥控钥匙各部分的功能。

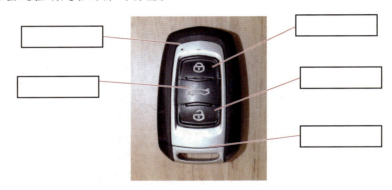

2. 请写出充电枪各部分针脚的名称。

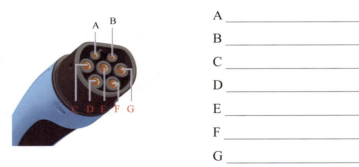

A _____
B _____
C _____
D _____
E _____
F _____
G _____

3. 请写出下图中按钮的含义。

4. 查阅资料，叙述比亚迪DM-i双模系统的主要优点和基本工作原理。

项目一　整车维护前的检查准备

【任务实施一】　　**正确更换电子智能钥匙电池**

【实训器材】

吉利 EV450 纯电动汽车、万用表和维修手册等。

【作业准备】

将车辆在工位停放周正，铺好车内和车外护套。

【操作步骤】

扫一扫

遥控钥匙的检测

扫一扫

遥控钥匙的相关操作

一、确认故障现象

携带智能钥匙，使用无钥匙进入系统进入车内，发现车门无法打开，使用智能钥匙无法解闭锁车门。

二、故障分析

因使用智能钥匙无法打开车门，考虑车辆自身故障或者智能钥匙故障。使用备用钥匙，能够正常打开车门，说明车辆本身没有问题。这时可以确定是智能钥匙本身的问题。

三、故障检测

操作示意图	操作方法	操作标准
	按下智能钥匙按键	智能钥匙指示灯正常亮
	打开智能钥匙后盖（不能用力过度，防止损坏智能钥匙外壳）	能取出电池
	用万用表测量电池电压	标准电压为 2.17~3.6V

操作示意图	操作方法	操作标准
	更换智能钥匙电池	电池正极朝下、负极朝向后盖
	操作智能钥匙	车门解、闭锁正常，行李舱能正常开启

扫一扫

应急解锁

扫一扫

智能进入

【任务实施二】 智能进入与智能起动、应急起动

【实训器材】

吉利 EV450 纯电动汽车、常用工具和维修手册等。

【作业准备】

将车辆在工位停放周正，铺好车内和车外护套。

【操作步骤】

操作示意图	操作方法	操作标准
	携带智能钥匙靠近车辆	小于 2m 的距离
	按下微动开关，拉动门把手	车门正常解锁
	打开车门	车门能够正常打开

（续）

操作示意图	操作方法	操作标准
	将车钥匙置于车内（如果电池电压不足，请置于应急起动处，图中所示为应急起动时，车钥匙放置的位置）	天线能够检测到钥匙信号
	按下起动开关	仪表正常亮
	起动车辆（按下起动开关、踩下制动踏板）	高压供电指示灯正常亮

【任务实施三】 **车辆充电和放电**

【实训器材】

吉利 EV450 纯电动汽车、常用工具和维修手册等。

【作业准备】

将车辆在工位停放周正，铺好车内和车外护套。

【操作步骤】

一、车辆充电

操作示意图	操作方法	操作标准
	车辆解锁	充电口盖正常打开

扫一扫

充电测试

（续）

操作示意图	操作方法	操作标准
	充电枪插头连接至220V电源	确认充电枪指示灯（正常为绿色）
	插入充电枪（注意充电枪要插到底）	仪表显示充电枪连接成功
	确认充电指示灯情况	绿色闪烁说明正常充电，其他颜色说明有故障
	充电完成后，关闭充电口盖	充电指示灯为绿色，不闪烁说明充电完成

二、车辆放电

操作示意图	操作方法	操作标准
	从行李舱取出放电枪	检查放电枪外观有无破损、异物

项目一　整车维护前的检查准备

（续）

操作示意图	操作方法	操作标准
	打开放电口盖，然后打开放电插头和放电插座保护盖	放电插头和放电插座的端部没有障碍物
	将放电插头插入电动汽车放电插座	观察拖线板的电源指示灯是否亮
	查看车辆放电情况及剩余电量	电量过低时，无法进行放电
	按住锁止按钮，将放电插头从交流充电口中拔出，将放电口插座的保护盖盖住，然后盖好放电口盖	放电口盖完全关闭

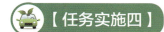【任务实施四】　**认知仪表报警指示灯的含义**

【实训器材】

吉利 EV450 纯电动汽车、常用工具和维修手册等。

【作业准备】

将车辆在工位停放周正，铺好车内和车外护套。

【操作步骤】

1）按下起动开关，使仪表亮起。

2）识读仪表报警指示灯（以吉利 EV450 纯电动汽车为例），见表 1-1。

表 1-1 吉利 EV450 纯电动汽车仪表报警指示灯

仪表指示灯	含义	性质（指示或警告）	应对措施
	电机及控制器过热指示灯	警告	检查车辆冷却系统
	充电线连接指示灯	指示	检查充电连接情况
	动力蓄电池充电指示灯	指示	检查充电系统
	系统故障指示灯	警告	检查高压控制系统
	制动系统故障指示灯	警告	检查制动系统
	功率限制指示灯	警告	检查和限功率相关的系统
	动力蓄电池故障指示灯	警告	检查动力蓄电池系统
	减速器故障指示灯	警告	检查减速器系统
	蓄电池充放电状态指示灯	指示	检查上电后指示灯是否变为绿色
	安全气囊故障指示灯	警告	检查安全气囊电路及模块
	驻车制动指示灯	警告	检查驻车系统
(ABS) EBD	ABS、EBD 故障指示灯	警告	检查 ABS 及 EBD 系统

【任务实施五】 双模系统工作模式切换

【实训器材】

比亚迪宋 DM-i 混合动力电动汽车、常用工具和维修手册等。

【作业准备】

将车辆在工位停放周正，铺好车内和车外护套。

【操作步骤】

操作示意图	操作方法	操作标准
	按下起动开关，起动车辆	仪表正常亮

扫一扫

动力模式切换

（续）

操作示意图	操作方法	操作标准
	按下 EV 开关	EV 开关背景灯亮，车辆进入纯电行驶模式
	仪表显示 EV	说明已经切换到纯电模式
	按下 HEV 开关	HEV 开关背景灯亮，车辆进入混合动力模式
	仪表显示 HV	说明已经切换到混合动力模式

整车功能操作的认知	工作任务单	班级：
		姓名：

1. 车辆信息记录

品牌		整车型号		生产日期	
驱动电机型号		蓄电池电量		行驶里程	
车辆识别代号					

2. 作业场地准备

检查设置隔离栏	□是　□否
检查设置安全警示牌	□是　□否
检查灭火器压力、有效期	□是　□否
安装车辆挡块	□是　□否

（续）

3. 智能钥匙电池更换的主要步骤及注意事项

4. 智能进入与智能起动、应急起动的主要步骤及注意事项

5. 车辆充电和放电的主要步骤及注意事项

6. 双模系统工作模式切换

7. 仪表报警指示灯的含义

指示灯	含义	指示灯	含义

8. 故障检测

检测对象	检测条件	检测值	标准值	结果判断
遥控钥匙电池	更换前			
遥控钥匙电池	更换后			

9. 故障确认

故障点	故障类型	维修措施

(续)

10. 竣工检验	
一键起动功能是否正常	□是 □否
无钥匙进入功能是否正常	□是 □否
11. 作业场地恢复	
拆卸车内三件套	□是 □否
拆卸翼子板布	□是 □否
将高压警示牌等放至原位置	□是 □否
清洁、整理场地	□是 □否

整车功能操作的认知			实习日期：	
姓名：	班级：		学号：	教师签名：
自评：□熟练 □不熟练	互评：□熟练 □不熟练		师评：□合格 □不合格	
日期：	日期：		日期：	

整车功能操作【评分细则】

序号	评分项	得分条件	分值	评分要求	自评	互评	师评
1	安全/7S/态度	□ 1. 能进行工位 7S 操作 □ 2. 能进行设备和工具安全检查 □ 3. 能进行车辆安全防护操作 □ 4. 能进行工具清洁、校准和存放操作 □ 5. 能进行三不落地操作	15	未完成1项扣3分	□熟练 □不熟练	□熟练 □不熟练	□合格 □不合格
2	专业技能能力	□ 1. 能正确测量辅助蓄电池电压 □ 2. 能正确更换智能钥匙的电池 □ 3. 能正确测量智能钥匙的电池电压 □ 4. 能够正确使用应急起动功能 □ 5. 能够正确对车辆实施充电作业 □ 6. 能正确识别仪表故障警告灯的含义 □ 7. 能正确切换双模系统工作模式 □ 8. 能正确实施车辆对外放电功能 □ 9. 能正确起动车辆 □ 10. 能正确使用智能进入系统打开车门	50	未完成1项扣5分	□熟练 □不熟练	□熟练 □不熟练	□合格 □不合格
3	使用工具及设备的能力	□ 1. 能正确使用故障诊断仪 □ 2. 能正确使用万用表 □ 3. 能正确使用充电枪	10	未完成1项扣3分	□熟练 □不熟练	□熟练 □不熟练	□合格 □不合格
4	资料、信息查询能力	□ 1. 能正确使用维修手册查询资料 □ 2. 能正确记录查询资料章节及页码 □ 3. 能正确记录所需维修信息	10	未完成1项扣3分	□熟练 □不熟练	□熟练 □不熟练	□合格 □不合格
5	数据判断和分析能力	□ 1. 能判断辅助蓄电池电压是否正常 □ 2. 能判断遥控是否正常 □ 3. 能判断车辆是否正常	10	未完成1项扣3分	□熟练 □不熟练	□熟练 □不熟练	□合格 □不合格
6	表单填写、报告撰写的能力	□ 1. 字迹清晰 □ 2. 语句通顺 □ 3. 无错别字 □ 4. 无涂改 □ 5. 无抄袭	5	未完成1项扣1分	□熟练 □不熟练	□熟练 □不熟练	□合格 □不合格
总分							

项目二

整车 PDI 检查

项目二 整车PDI检查 — 学习情境 整车PDI检查的认知 — 任务 对新车进行整车PDI检查

学习情境

整车 PDI 检查的认知

一辆新车从汽车制造厂出来到最终交付给客户，中间有一个很重要的环节，就是整车 PDI 检查环节。通过对新车进行检查，可以发现车辆存在的问题，这个问题可能是运输过程中造成的，也可能是车辆在出厂前就有的，通过专业人士的检查，可以把符合使用要求的车辆交付给客户，从而保障客户的利益。

任务　对新车进行整车 PDI 检查

【学习目标】

知识目标：

1) 掌握 PDI 检查的定义与目的。
2) 掌握 PDI 检查的流程与注意事项。

技能目标：

1) 具有识读 PDI 检查项目和标准的能力。
2) 具有根据检查标准正确进行新车 PDI 检查的能力。
3) 具有对 PDI 检查的信息进行反馈与处理的能力。

素养目标：

1) 在操作过程中树立高压安全意识。
2) 通过学习 PDI 项目检查标准，培养学生分析问题和解决问题的能力。
3) 能在工作结束后按照 7S 管理规定整理、恢复作业场地，养成良好的工作习惯。
4) 做事认真负责，确保出厂车辆的可靠性。

【任务描述】

一辆新款吉利 EV450 纯电动汽车通过长途运输送到汽车销售公司，根据要求在新车销售前需要对车辆进行全面的检查。

【获取信息】

1. PDI 检查的定义

PDI（Pre Delivery Inspection，出厂前检查）即车辆的售前检验、记录。

2. PDI 检查的目的

PDI 检查的目的是提升车辆交付质量，重点确保车辆无仪表故障显示、无隐含故障码，解除车辆的运输模式，保证车辆的功能正常。

3. PDI 检查的流程

图 2-1 所示为 PDI 检查的流程。

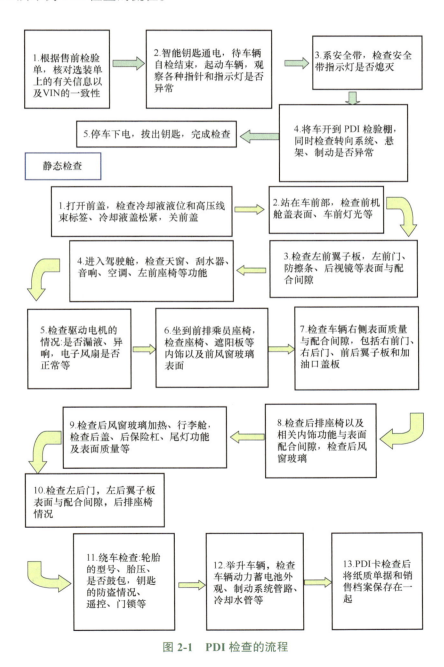

图 2-1　PDI 检查的流程

4. PDI 检查的项目及标准（表 2-1）

表 2-1 PDI 检查的项目及标准

步骤	项目	标准
上牌项目	车身钢印	字体清晰、号码无误
	车身铭牌	字体清晰、号码无误
	前风窗玻璃下方铭牌	字体清晰、号码无误
	合格证	有符合规定的公章、VIN 正确、发动机号正确、车身颜色与实车相同
安全及行驶项目	电动机	运转无异响、冷却液液位正常、无漏液现象
	动力蓄电池	动力蓄电池电压正常，动力蓄电池外观无破损、无漏液现象
	减速器	无漏液现象、运转无异响、外观无破损
	制动系统	制动液液位正常、制动管路无泄漏、制动性能良好
	转向系统	转向液液位正常、转向机构无异响
	车身钣金件	钣金件无开裂现象
	外部灯光	能正常亮起、能正常熄灭
	内部灯光	能正常亮起、能正常熄灭
	仪表灯	无异常指示灯
	高压线束	外观无开裂、破损，接插件无松动
功能性检查	轮胎、钢圈	与车辆配置一致
	全车玻璃	无气泡、无破裂
	天窗功能（如配置）	正常打开、正常关闭
	音像娱乐功能	屏幕正常显示、音像声音正常
	空调功能（当环境温度大于 5℃时检查）	出风模式正常、制冷性能正常、制热性能正常
	四车门玻璃升降功能（配置电动升降开关）	车窗正常升降、自动升降功能正常
	驾驶人座椅电动调节（如配置）	各位置能正常调节
	遥控钥匙（如配置）	能正常解闭锁、无钥匙进入功能正常
	四门开关	车门正常开关、车门无异响
	刮水器检查	无漏液、喷水功能正常、刮水效果正常
	充电功能	能正常充电（直流、交流）

5. 缺陷判断标准及处理方法

（1）储运质损 储运质损包括运输质损和储存质损。

1）运输质损指整车在储运过程中，造成整车（含随车附件）的损坏、遗失、污染、附件与车型不符，以及出现非原厂规定部件的质损。

2）储存质损指在储存过程中发生的车身油漆表面斑点、蓄电池馈电、内饰和外饰脏污等质损情况。

（2）功能性质损 功能性质损指由产品本身质量因素造成的功能性失效、配置错误等质损。

1）指无外界破坏因素的功能性损伤。

2）零部件的漏装错装、零部件本身的缺陷。

3）无外界破坏因素的部件由内往外凸起。

4）完好保护膜、保护纸下的车身漆缺陷。

5）其他经生产厂家质量部确认为功能性质损的缺陷。

（3）缺陷车辆处理　对于储运质损，应在收车检查时查出，并在"整车分拨交接单"上记录，板车驾驶人与经销商双方签字确认。缺陷车辆送修维修站，费用可走运输索赔；对于功能性质损，应在新车到后7天内检查，查出的缺陷信息上报系统。缺陷车辆直接送修维修站，费用可走售前索赔。

对新车进行整车PDI检查	学习任务单	班级： 姓名：
项目	检查内容	标准
安全及行驶项目检查		
功能性检查		

【任务实施】　**对新车进行 PDI 检查**

【实训器材】

吉利 EV450 纯电动汽车、故障诊断仪、常用工具等。

【作业准备】

将车辆在工位停放周正，铺好车内和车外护套。

扫一扫

PDI 检查—车外

扫一扫

PDI 检查—车内

【操作步骤】

操作示意图	操作方法	操作标准
	使用故障诊断仪关闭运输模式	车辆行驶速度大于40km/h、影音娱乐系统可以正常工作，说明运输模式关闭成功
	清除故障码	车辆无异常故障码、数据流
	踩下制动踏板、按下起动开关	确认车辆高压系统是否正常
	检查随车文件	使用说明书、维护手册与服务手册、服务网通信录、三包凭证、维护凭证和售前检查证明等齐全
	检查随车工具	三角警示牌、拖车钩、轮胎拆卸工具、随车充电枪等齐全
	车辆状况确认	车辆的漆面、灯光、刮水器、空调系统等功能正常

项目二　整车PDI检查

（续）

操作示意图	操作方法	操作标准
	填写PDI检查单	准确记录检查中发现的问题

PDI检查作业任务单

购买车型：　　　　　　　　车身颜色：　　　　　　　　初始里程数：

底盘号（后8位）：　　　　　电机号（9位）：

下表是与车辆相关的文件及随车工具，如无问题，请在相应的方框内打"√"

随车文件、工具及附件	1. 证件及文件说明 □车辆合格证　　　　　　□使用说明书　　　　　　□维护手册 □三包凭证　　　　　　　□车辆一致性证书　　　　□底盘号拓印件 □电机号拓印件　　　　　□车辆照片　　　　　　　□救援手册 □救援信息卡　　　　　　□所有证件、车辆铭牌底盘号与车架号相符 □其他
	2. 随车工具及附件 □遥控钥匙（　）个　　　□牵引环　　　　　　　　□三角警示牌 □轮胎螺栓罩盖钩　　　　□其他

下表是与性能及质量相关的检查项，如无问题，请在相应的方框内打"√"

车辆状况确认	1. 外观检查 □车身清洁、表面完好无损　　　　　　□车内干净整洁，无脏物、无破损 □警告标签完好（胎压、安全气囊等）　□高压充电插座无脏污、无损环 □车辆配置无误　　　　　　　　　　　□车身及内饰颜色无误 □高压警示标志完好（前机舱、充电口）
	2. 前机舱检查 □无油液渗漏　　　　　□管路及线束安装正常　　　　□冷却液、制动液液位 □12V蓄电池固定情况，正极、负极紧固情况 □用检测仪测量12V蓄电池电压并附上检测单
	3. 举升检查 □底盘无渗漏、无损伤　　　　　　　□底盘件安装正常 □去掉运输固定装置（若有）
	4. 主要功能检查 □遥控钥匙　　　　　　□车门中控锁按键　　　　□内、外灯光 □内、外后视镜调整　　□车窗及天窗　　　　　　□空调系统 □收音机及导航　　　　□风窗清洗 □调整时钟　　　　　　□停车辅助（如有） □安全带锁止及高度调节　　　　　　　□座椅及转向盘调整 □轮胎气压调整及胎压监控复位　　　　□车联网 □其他电气系统功能检查
	5. 车辆状况检查 □动力系统功能　　　　□制动系统功能　　　　　□转向系统功能 □仪表无报警提示 □动力蓄电池电量≥80%　　□查询各电控单元故障储存，消除故障记录

对新车进行整车 PDI 检查		实习日期：	
姓名：	班级：	学号：	教师签名：
自评：□熟练 □不熟练	互评：□熟练 □不熟练	师评：□合格 □不合格	
日期：	日期：	日期：	

整车 PDI 检查【评分细则】

序号	评分项	得分条件	分值	评分要求	自评	互评	师评
1	安全/7S/态度	□1. 能进行工位 7S 操作 □2. 能进行设备和工具安全检查 □3. 能进行车辆安全防护操作 □4. 能进行工具清洁、校准和存放操作 □5. 能进行三不落地操作	15	未完成 1 项扣 3 分	□熟练 □不熟练	□熟练 □不熟练	□合格 □不合格
2	专业技能能力	□1. 能正确读取故障码和数据流 □2. 能正确进行车辆上电作业 □3. 能正确检查空调系统是否正常 □4. 能正确检查刮水器是否正常 □5. 能正确检查影音娱乐系统是否正常 □6. 能正确检查制动系统是否正常 □7. 能正确检查车身漆面是否有损伤 □8. 能正确填写 PDI 检查单 □9. 能正确检查灯光系统是否正常 □10. 能正确检查冷却系统是否正常	60	未完成 1 项扣 6 分	□熟练 □不熟练	□熟练 □不熟练	□合格 □不合格
3	使用工具及设备的能力	□1. 能正确使用故障诊断仪 □2. 能正确使用万用表 □3. 能正确使用举升机	10	未完成 1 项扣 3 分	□熟练 □不熟练	□熟练 □不熟练	□合格 □不合格
4	资料、信息查询能力	□1. 能正确查询用户手册 □2. 能正确使用维修手册查询资料 □3. 能正确记录所需填写数据	10	未完成 1 项扣 3 分	□熟练 □不熟练	□熟练 □不熟练	□合格 □不合格
5	表单填写、报告撰写的能力	□1. 字迹清晰 □2. 语句通顺 □3. 无错别字 □4. 无涂改 □5. 无抄袭	5	未完成 1 项扣 1 分	□熟练 □不熟练	□熟练 □不熟练	□合格 □不合格

总分：

项目三
整车常规维护与小总成更换

整车常规维护与小总成更换主要包括维护计划的制订与调整、驱动系统的维护与小总成更换、整车底盘系统的维护与小总成更换、车身电气系统的维护与小总成更换 4 个学习情境。

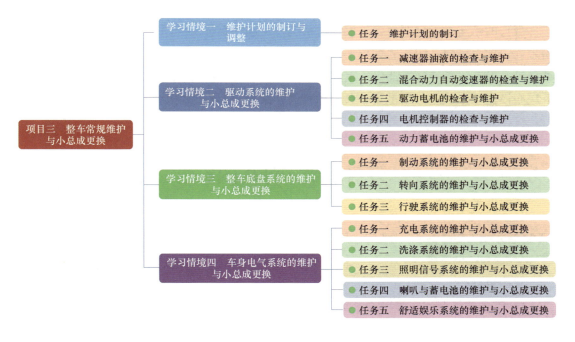

学习情境一

维护计划的制订与调整

  汽车维护是指保持和恢复汽车的技术性能，保证汽车具有良好的使用性和可靠性；具体来说，是指定期对汽车相关部分进行检查、清洁、补给、润滑、调整或更换某些零部件的预防性工作，俗称为汽车保养。汽车维护的目的是保持车容整洁和技术状况正常，消除隐患，预防故障发生，减缓劣化过程，延长使用周期，同时降低能源消耗，减少环境污染。一般来说，汽车维护作业一般占维修企业70%左右的工作量。

  现代的汽车维护主要包含对发动机系统、变速器系统、空调系统、冷却系统、燃油供给系统、动力转向系统等的维护。纯电动汽车的维护与传统汽车的维护略有不同，不同之处是没有发动机系统和燃油供给系统的维护，但增加了动力蓄电池系统、充电系统、直流电压变换器（DC/DC）等的维护。总体来说，维护内容有所减少，维护费用相对降低。

任务　维护计划的制订

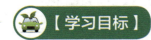

知识目标：

1）掌握新能源汽车维护的意义和要求。

2）掌握不同维护类型的区别。

技能目标：

1）具有描述新能源汽车维护内容的能力。

2）具有依据维修维护手册，制订维护计划的能力。

素养目标：

1）能够阅读技术信息、检索提炼、构建逻辑关系。

2）通过制订维护计划，培养学生分析问题和解决问题的能力。

3）在工作结束后按照7S管理规定整理、恢复作业场地，养成良好的工作习惯。

项目三 整车常规维护与小总成更换

4）以载人航天精神中科学求实、严肃认真的工作作风为案例，引导学生讨论，培养学生尊重规律、精心组织、精心实施的工作态度。

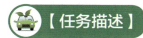【任务描述】

你在售后车间新能源汽车的维修岗位，一辆 2018 年款吉利 EV450 纯电动汽车被送到店里进行维护。客户咨询维护需要做哪些项目，请你为他讲解并进行相关维护知识普及。

【获取信息】

一、新能源汽车维护的意义

与传统汽车维护一样，新能源汽车的日常维护工作归纳起来就是清洁、紧固、检查、补充。清洁指保持车辆干净、整洁，防止水和灰尘腐蚀车身及零部件。在车辆行驶一定里程后，要对车辆各部件连接处的螺栓进行检查和调整，若发现有松动的地方，要按要求及时拧紧，消除事故隐患，保证行车安全。对各运动部件的润滑是保证车辆各运动部件正常运转、减小运转阻力、降低温度、减少磨损的重要手段。

定期维护主要以检查和调整为主，对制动、转向、传动、悬架等系统的定期检查是每一类型的汽车维护都要进行的，这样可以保证安全的驾驶环境。新能源汽车需要对特有的高压系统进行相应检查，例如对高压线缆外观的检查、插接头连接是否松动的检查，对车载充电机、高压控制盒、DC/DC 变换器、电机控制器、驱动电机、动力蓄电池、空调压缩机、PTC 等高压器件外观的检查，绝缘性能的测试；还需要对各个模块如整车控制模块（VCU）、动力蓄电池管理模块（BMS）等进行相应的升级等。总之，通过定期检查和维护，可以及时发现和解决存在的隐患及故障，避免更大故障的发生。

想一想：

与传统汽车相比，新能源汽车维护少了哪些项目？
_____
_____

二、汽车维护的分类与周期

1. 汽车维护的分类

在汽车的使用过程中，由于汽车新旧程度、使用地区条件的不同，在各个时期对汽车维护的作业项目不同。汽车维护一般可分为定期维护和非定期维护两大类。定期维护可分为日常维护、一级维护和二级维护 3 类；非定期维护可分为按需维护（季节性维护）和免拆维护（新型维护方法）两类。现代汽车维护的种类及作业范围见表 3-1。

表 3-1 现代汽车维护的种类及作业范围

维护种类		作业范围
定期维护	日常维护	日常维护作业以清洁、补给和安全检视为中心内容 ① 坚持"三检"，即在出车前、行车中、收车后检视车辆的安全机构及各机件连接的紧固情况 ② 保持"四洁"，即保持润滑油、空气、燃油滤清器和蓄电池的清洁 ③ 防止"四漏"，即防止漏水、漏油、漏气和漏电

31

(续)

维护种类		作业范围
定期维护	一级维护	一级维护作业内容除日常维护作业外，以清洁、润滑和紧固为主，并检查与制动、操纵等安全性相关的部件
	二级维护	二级维护作业内容除一级维护作业外，以检查和调整转向节、转向节臂、制动蹄片、悬架等经过一定时间的使用后容易磨损或变形的部件为主，并拆检轮胎，进行轮胎换位
非定期维护	按需维护（季节性维护）	由于冬夏两季的温差大，为使车辆在冬夏两季都能够合理使用，在换季之前应结合定期维护并附加一些相应的项目，使汽车适应气候变化后的运行条件，此种附加性的维护称为季节性维护
	免拆维护（新型维护方法）	在突出"不解体"的前提下，用专用设备及保护用品对燃油系统、冷却系统、润滑系统、制动系统、自动变速器等进行的清洁和补给维护

2. 汽车维护的周期

汽车维护周期是指汽车进行同级维护之间的间隔期（行驶里程或时间）。我国国家标准 GB/T 18344—2016《汽车维护、检测、诊断技术规范》关于汽车维护周期的规定如下：

1）日常维护的周期为出车前、行车中和收车后。

2）汽车一、二级维护周期的确定，应该以汽车的行驶里程或时间为基本依据，汽车一、二级维护行驶里程依据车辆使用说明书的有关规定，同时依据汽车使用条件的不同，由省级交通行政主管部门规定。

3）一、二级维护时间间隔，对于不便用行驶里程统计、考核的汽车，可用行驶时间间隔确定一、二级维护周期。其时间（天）间隔可依据汽车使用强度和条件的不同，参照汽车一、二级维护里程周期确定。

头脑风暴：

为什么要根据汽车新旧程度、使用地区条件，执行不同的维护作业？

3. 吉利 EV450 纯电动汽车的维护周期

吉利 EV450 纯电动汽车的维护周期（表 3-2）是以汽车累计行驶里程（10000km）为参考的，分为 A 级维护与 B 级维护。根据整车驾驶性能及供应商要求，整车将在维护时进行软件更新。

表 3-2 吉利 EV450 纯电动汽车的维护周期

类别	维护项目	累计行驶里程/km					
		10000	20000	30000	40000	50000	以此类推
A 级维护	全车维护	√		√		√	
B 级维护	高压、安全检查维护		√		√		√

三、新能源汽车维护的要求

1. 高压安全操作原则

1）坚持"以人为本、安全第一"的操作原则，确保人身安全与车辆安全。在制订安全防范措施时，要优先考虑人身安全，即使发生不可预见的事故、系统崩溃，也要保证人身安全。

2）从系统设计到部件的选型、加工工艺、质量检验及维护操作，都应严格按有关电动汽车的国家标准执行。

2. 人员要求

1）新能源汽车高压操作人员必须具有相应的操作资质（如低压电工证），严禁没有操作资质的人员对新能源汽车高压系统进行操作。在操作人员上岗前，必须对其进行安全操作培训，严格执行安全操作规范。

2）操作人员上岗时，不得佩戴金属饰品、饰物，如手表、戒指等，工作服衣袋内不得装有金属物件，如钥匙、硬币、手机等。

3）操作人员不得把与工作无关的工具带入场地。必要的金属工具，在其手持部位应做绝缘处理。

4）每次接通高压电源之前，操作人员应检查各高压元器件周边有无杂物，通知无关人员远离上述部位。接通高压时，要高声提示。

3. 维护作业要求

1）对高压元器件进行拆卸、检查、维修时，应先切断高压回路。

2）车辆长时间停放时，应每周检查一次动力蓄电池状态，防止蓄电池漏电。

课堂讨论：

发展载人航天事业是中国共产党和中华人民共和国长期关注、高度重视的一项伟大工程。2003年10月15日，"神舟"5号载人飞船发射成功，将中国首位航天员杨利伟送上太空，中华民族千年飞天梦想终成现实。2016年10月17日，"神舟"11号载人飞船发射成功，在轨飞行期间与天宫二号空间实验室成功进行自动交会对接。航天员景海鹏、陈冬在天宫二号与神舟11号组合体内驻留30天。2021年6月17日，搭载"神舟"12号载人飞船的长征二号F遥十二运载火箭，在酒泉卫星发射中心点火发射。此后，"神舟"12号载人飞船与火箭成功分离，进入预定轨道，顺利将聂海胜、刘伯明、汤洪波3名航天员送入太空。组合体飞行期间，航天员进驻天和核心舱，完成为期3个月的在轨驻留，开展机械臂操作、太空出舱等活动，验证航天员长期在轨驻留、再生生保等一系列关键技术，标志着我国载人航天工程取得新的重大进展。

什么是载人航天精神？在日常学习工作中，如何践行我国载人航天精神，科学求实、严肃认真的工作作风？

_____

_____

维护计划的制订	学习任务单	班级： 姓名：

1. 汽车修理是指_____。修理是指_____，它包括故障诊断、拆卸、鉴定、更换、修复、装配、磨合和试验等作业。

2. 汽车维护的目的是保持车容整洁、_____，及时发现和消除_____，可以有效地延长汽车的_____，防止车辆早期损坏，从而达到下列要求：

① _____，随时可以出车。

② 在合理使用条件下，不会因机件损坏而影响_____。

(续)

③ 在运行过程中,降低燃料、润滑油以及配件和轮胎的磨损。

④ 减小车辆噪声和减少排放污染物对环境的污染。

⑤ 各部总成的技术状况尽量保持均衡,以延长_____。

3. 现代的汽车维护主要包含了对_____、_____、空调系统、冷却系统、_____、动力转向系统等的维护。纯电动汽车由于不存在发动机而是以_____为动力源,而且动力传递系统和传动汽车有很大差异,因此其维护项目和传统汽车有很大的差异。吉利 EV450 纯电动汽车的维护项目主要可以分为对_____、转向系统、制动系统、行驶系统及车身的维护。

4. 简述车辆维护的意义。

5. 简述不同维护类型的区别。

 【任务实施】 吉利 EV450 维护计划的制订

【实训器材】

吉利 EV450 纯电动汽车、绝缘防护装备、常用工具和维修手册等。

【作业准备】

检查举升机,将车辆在工位停放周正,铺好车内和车外护套。

 【操作步骤】

一、车辆定期维护前准备

为确保车辆的最佳性能,保证车辆的安全性,实现较佳的经济性与较长的使用寿命,在对车辆进行定期维护时,需要规范、细致、全面地进行操作。因此定期维护前的一些准备工作是十分必要的,包含人员准备、场地准备、工具和材料准备、车辆准备。

二、纯电动汽车维护计划制订

由于纯电动汽车是靠驱动电机驱动的,所以纯电动汽车不需要机油、三滤、传动带等常规维护,只需要对动力蓄电池组和驱动电机进行一些常规的检查,并保持其清洁即可。由此可见,纯电动汽车的维护项目比传统汽车少。纯电动汽车的维护计划与维护项目与传统汽车一样,采用 A 级和 B 级两级维护计划,并根据不同等级做出相应的维护操作。

> **小提示：**
>
> 为了保障车辆的使用性能达到最佳状态，汽车生产企业会根据车辆运行材料装配工艺和预计使用周期进行维护项目的划分，由于电动汽车消耗磨损比较小，基本上10000km或1年维护1次。在执行高压车辆诊断和维护前，务必佩戴完好个人防护用品，并严格遵守正确的操作步骤。

三、纯电动汽车维护项目

根据实训配置，制订吉利 EV450 纯电动汽车维护计划，可参看计划表，按里程表的读数或时间间隔而定。表 3-3 所示为吉利 EV450 维护项目及内容。

表 3-3　吉利 EV450 维护项目及内容

系统类别	检查内容	处理方法	A级维护 项目	A级维护 配件及材料	A级维护 数量或价格	B级维护 项目	B级维护 配件及材料	B级维护 数量或价格
动力蓄电池系统	安全防护	检查并视情况处理	√			√		
	绝缘	检查并视情况处理	√			√		
	接插件状态	检查并视情况处理	√			√		
	标识	检查并视情况处理	√			√		
	螺栓紧固力矩	检查并视情况处理	√			√		
	外部检查	清洁处理	√			√		
	数据采集	分析并视情况处理	√			√		
驱动电机系统	安全防护	检查并视情况处理	√			√		
	绝缘	检查并视情况处理	√			√		
	电机和控制器冷却	检查并视情况处理	√			√		
	外部	清洁处理	√			√		
电气电控系统	机舱及各部位低压线束防护及固定	检查并视情况处理	√			√		
	机舱及各部位插接件状态	检查并视情况处理	√			√		
	机舱及底盘高压线束防护及固定	检查并视情况处理	√			√		
	机舱及底盘各高、低压电器固定及插接件连接状态	检查并视情况处理，并清洁	√			√		
	蓄电池	检查电量状态，并视情况处理	√			√		
	灯光、信号	检查并视情况处理	√			√		
	充电口及高压线	检查并视情况处理	√			√		
	高压绝缘检测系统	检查并视情况处理	√			√		
	故障诊断系统报警检测	检测、检查并视情况处理	√			√		

（续）

系统类别	检查内容	处理方法	A级维护 项目	A级维护 配件及材料	A级维护 数量或价格	B级维护 项目	B级维护 配件及材料	B级维护 数量或价格
制动系统	驻车制动器	检查效能并视情况处理	√			√		
	制动装置	泄漏检查	√			√		
	制动液	液位检查	√	更换制动液	参考值为445ml	√	视情况添加制动液	
	制动真空泵、控制器	检查（漏气）并视情况处理	√			√		
	前、后制动摩擦片	检查并视情况更换	√			√		
转向系统	转向盘及转向管柱连接紧固状态	检查并视情况处理	√			√		
	转向机本体连接紧固状态	检查并视情况处理	√			√		
	检查转向拉杆间隙及防尘套	检查并视情况处理	√			√		
	检查转向助力功能	检查并视情况处理	√			√		
车身系统	风窗及洗涤器刮水器	检查并视情况更换处理	√	添加风窗洗涤剂		√	添加风窗洗涤剂	
	天窗	检查并视情况处理	√			√		
	座椅及滑道	检查并视情况处理	√	加注润滑脂		√	加注润滑脂	
	门锁及铰链	检查并视情况处理	√			√		
	机舱铰链及锁扣	检查并视情况处理	√			√		
	行李舱门（厢）铰链及锁扣	检查并视情况处理	√			√		
悬架及传动系统	变速器（减速器）	检查减速器连接、紧固及渗透	√	更换减速器齿轮油	参考值为1.7L	√		
	传动轴	检查球笼间隙及护罩并视情况处理	√			√		
	轮毂	检查、紧固，视情况处理	√			√		
	轮胎	检查胎压，并视情况处理	√			√		
	副车架及各悬架连接状态	检查紧固	√			√		
	前、后减振器	检查渗漏情况并紧固，并视情况更换	√			√		
	机舱铰链及锁扣	检查并视情况处理	√			√		

(续)

系统类别	检查内容	处理方法	A级维护 项目	A级维护 配件及材料	A级维护 数量或价格	B级维护 项目	B级维护 配件及材料	B级维护 数量或价格
冷却系统	冷却液液位及冰点	液位及冰点测试，视情况添加	√	更换冷却液	参考值为电机冷却液为7.2L，蓄电池冷却液为3.5L	√	冬季时，检测冰点并视情况添加	
冷却系统	冷却管路	检查渗漏情况并处理	√			√		
冷却系统	水泵	检查渗漏情况并处理	√			√		
冷却系统	散热器	检查并处理	√			√		
空调系统	空调冷暖风功能	测试并处理	√					
空调系统	压缩机及控制器	检查压缩机及控制器安装及线束插接器状态	√					
空调系统	空调管路及连接固定	管路防护检查并视情况检漏处理	√			√		
空调系统	空调系统冷凝水排水口	检查、处理	√					
空调系统	空调滤芯	检查、处理	√	更换空调滤芯	滤芯收费（首次维护免费）	√	清洁	

针对以上维护内容，具体执行的维护项目有以下几方面。

（1）动力蓄电池系统维护项目

① 外观检查。

目的：检查外观有无磕碰、损坏。

方法：将车辆举升，目测动力蓄电池底部有无磕碰、划伤和损坏的现象。

工具：手电筒或工作灯。

② 绝缘检查（内部）。

目的：防止蓄电池箱内部短路。

方法：将动力蓄电池高压母线旋变拧开，用绝缘电阻表测总正、总负对地的绝缘电阻，该值应不低于500Ω/kV。

工具：绝缘电阻表。

③ 底盘连接检查。

目的：防止螺栓松动造成故障。

方法：用扭力扳手紧固固定螺栓。

工具：扭力扳手。

④ 接插件检查。

目的：检查接插件有无异常。

方法：目测动力蓄电池高、低压接插件变形、松脱、过热和损坏等情况。

工具：手电筒或工作灯。

⑤ 高、低压接插件可靠性检查。

目的：确保接插件正常使用。

方法：检查松动、破损、锈蚀和密封等情况。

工具：绝缘电阻表、万用表。

⑥ 蓄电池内部温度采集点检查。

目的：确保测温点工作正常，采集点合理。

方法：计算机监控温度与红外热像仪温度对比，检查温度精度。

工具：便携式计算机、CAN 卡、红外热像仪。

⑦ 蓄电池加热系统测试。

目的：确保加热系统工作正常。

方法：蓄电池箱接通 12V，打开监控软件，启动加热系统，目测风扇是否正常。

工具：12V 电源、便携式计算机、CAN 卡。

⑧ 标识检查。

目的：防止脱落。

方法：目测。

工具：手电筒或工作灯。

⑨ 动力蓄电池密封检查。

目的：保证动力蓄电池箱体密封良好，防止水进入。

方法：目测密封条或更换密封条。

工具：手电筒或工作灯。

（2）驱动电机及电机控制器维护项目

① 安全防护。

目的：检查外观有无磕碰、损坏。

方法：将车辆举升，目测驱动电机底部有无磕碰、划伤和损坏的现象。

工具：手电筒或工作灯。

② 绝缘检查。

目的：防止驱动电机漏电。

方法：用绝缘电阻表测量驱动电机 U/V/W 接线柱的母线分别对电机外壳的绝缘电阻，电阻值应不低于 500Ω/kV。

工具：绝缘电阻表。

③ 驱动电机和电机控制器冷却检查。

目的：检查驱动电机与电机控制器冷却液循环制冷效果。

方法：捏紧冷却液管使其水道内部阻力增大，使冷却液泵转速变小，声音发生变化。如无声音变化，则水道内冷却液没有循环，需放气。

工具：卡环钳子、螺钉旋具。

④ 外部检查。

目的：清洁驱动电机及电机控制器表面。

方法：用压缩空气吹驱动电机及电机控制器，禁止使用潮湿的布和高压水枪进行清洁。

工具：空气压缩机。

（3）电气电控系统维护项目

1）机舱及各部位低压线束防护及固定。检查前机舱线束各连接导线是否有破损或碰擦干涉，连接是否良好、线束是否在原位固定。

2）机舱及各部位接插件状态。检查前机舱线束各连接导线插接件是否有松动、破损、锈蚀和烧熔等情况。

3）机舱及底盘高压线束防护及固定。检查机舱底盘各橘黄色线束各连接导线是否有破损或碰擦干涉、连接是否良好、线束是否在原位固定。

4）机舱及底盘各高、低压电器固定及插接件连接状态。检查前机舱底盘端子接线是否牢固、无松动，控制线束插接件和旋变插接件连接是否牢靠，集成横梁上部件是否搭铁连接牢靠、无松动。

5）蓄电池。使用手持式蓄电池检测表测量，起动电压不低于12.5V为正常，正、负极极桩应无松动。

6）灯光信号。检查前照灯、尾灯。

7）充电口及高压线。检查充电线外观及插头是否有破损、裂痕，同时检查充电是否导通，检查充电口盖能否正常开启或关闭。当充电口盖板打开时，仪表充电指示灯应常亮，当关闭充电口盖时，仪表充电指示灯应熄灭。

8）高压绝缘检测系统。使用绝缘电阻表检测高压线束绝缘电阻值。

9）故障诊断系统报警检测。使用故障诊断仪检测有无故障。

（4）制动系统维护项目

1）驻车制动器。在斜坡将驻车制动器操纵杆拉到整个行程70%或驻车制动器棘轮齿数6~7齿时，测试是否溜车，如果是，则调整驻车制动器。

2）制动装置。检查制动液是否泄漏。

3）制动液。每隔2年或者行驶40000km更换制动液，选取汽车标号的制动液。检查制动液，必须介于MAX和MIN之间。

4）制动真空泵、真空罐、控制器。

a. 车辆停稳后，打开钥匙开关，完全踩下制动踏板，踩踏3次真空泵，应正常起动，大约10s后真空度达到设定值时真空泵应停止运转。

b. 在制动真空泵工作时检查连接软管。检测重点部位有无磨损、漏气现象，检查制动真空泵与软管连接处，检查制动真空罐与软管连接处。

5）前、后制动摩擦片。检查前、后制动摩擦片并视情况更换。

（5）转向系统维护项目

1）转向横拉杆球头间隙、紧固程度及防尘套状态。

a. 举升车辆（车轮悬空），通过摆动车轮和转向横拉杆来检查间隙。

b. 检查转向横拉杆球头的固定螺母是否牢固。

c. 检查转向横拉杆的防尘套有无损坏和安装位置是否正确。

2）转向助力功能。

a. 在道路试车过程中，通过原地转向、低速行驶中转向，检测转向时转向盘是否有沉重、助力效果不足等故障。

b. 将转向盘分别向左、右打至极限位置，检测是否有转向盘抖动、转向机异响等故障。

（6）车身系统维护项目

① 风窗及洗涤器刮水器。检视车窗是否有裂纹；检查玻璃洗涤剂是否缺失，若缺失，则应酌情添加；检查刮水片擦洗是否干净，必要时更换。

② 清洁天窗、座椅滑道、门锁铰链、机舱铰链及锁扣、行李舱门铰链及锁扣，并加注润滑脂。

（7）传动及悬架系统

1）变速器（减速器）。

a. 检查变速器连接螺栓并紧固，检查半轴油封有无渗漏，每隔1年或行驶20000km更换变速器齿轮油。

b. 检查等速万向节及防尘套有无破损。

2）轮毂。检查轮毂有无划痕、磕碰，视情况做一次动平衡。

3）轮胎。检查轮胎胎面和侧面是否有损坏和异物，轮胎是否有滚动面异常磨损和毛刺等；检查花纹深度是否达到极限；检查胎压是否正常。

4）副车架悬置连接状态。检查副车架并用扭力扳手检查、紧固。

5）前、后减振器。检查减振器有无漏油，检查螺栓紧固情况。

（8）冷却系统维护项目

1）冷却液液位及冰点。每2年或行驶40000km使用冰点测试仪检测冷却液质量分数，低于35%时应换用新冷却液。

2）冷却管路。目测检查冷却系统管路及各零部件接口处有无泄漏。

3）冷却液液泵。检查泵接口是否有渗漏痕迹，是否有异响和停转现象。

4）散热器。驱动电机及电机控制器冷却后，在散热器后部（电机侧）使用压缩空气吹走散热器或空调冷凝器的碎屑，严禁使用水枪对散热器散热片进行喷洗。

（9）空调系统维护项目

1）空调冷、暖风功能。检查空调是否能正常切换至冷风或暖风功能。

2）电动压缩机。检查电动压缩机是否有异响和停转现象。

3）空调管路。检查空调管路有无泄漏，检查管路固定情况。

4）制冷排水口。检查空调制冷排水口有无堵塞。

5）空调滤芯。拆卸空调滤芯，检查滤芯脏污程度，根据情况清洁或更换。

竞赛小知识

在新能源汽车智能化技术赛项竞赛中，需要进行车身检查，测量胎压等车辆参数，确保操作平台无安全隐患，确保车身急停开关和遥控的急停旋钮处于非急停状态。

项目三　整车常规维护与小总成更换

吉利 EV450 维护检查	工作任务单	班级： 姓名：

1. 车辆信息记录

品牌		整车型号		生产日期	
驱动电机型号		蓄电池电量		行驶里程	
车辆识别代号					

2. 作业场地准备

检查设置隔离栏	□是　□否
检查设置安全警示牌	□是　□否
检查灭火器的压力和有效期	□是　□否
安装车辆挡块	□是　□否

3. 记录故障现象

4. 使用故障诊断仪读取故障码、数据流

故障码	
数据流	

5. 根据车辆实际情况现象制订维护方案

6. 维护项目具体操作

维护项目	检测目的	操作方法	工具	结果判断

7. 故障确认

故障点	故障类型	维修措施

(续)

8. 竣工检验	
车辆是否正常上电	□是 □否
车辆维护周期是否清零	□是 □否
9. 作业场地恢复	
拆卸车内三件套	□是 □否
拆卸翼子板布	□是 □否
将高压警示牌等放至原位置	□是 □否
清洁、整理场地	□是 □否

维护计划的制订		实习日期：	
姓名：	班级：	学号：	教师签名：
自评：□熟练 □不熟练	互评：□熟练 □不熟练	师评：□合格 □不合格	
日期：	日期：	日期：	

吉利 EV450 维护检查【评分细则】

序号	评分项	得分条件	分值	评分要求	自评	互评	师评
1	安全/7S/态度	□1. 能进行工位 7S 操作 □2. 能进行设备和工具安全检查 □3. 能进行车辆安全防护操作 □4. 能进行工具清洁、校准和存放操作 □5. 能进行三不落地操作	15	未完成1项扣3分	□熟练 □不熟练	□熟练 □不熟练	□合格 □不合格
2	专业技能能力	□1. 能正确检查冷却液液位 □2. 能正确检查制动液液位 □3. 能正确测量冷却液冰点 □4. 能正确检查机油泄漏点 □5. 能正确检查冷却液泄漏点 □6. 能正确使用维修手册，查询冷却液更换周期 □7. 能正确使用维修手册，查询制动液更换周期 □8. 能规范使用维护复位功能	50	未完成1项扣6分	□熟练 □不熟练	□熟练 □不熟练	□合格 □不合格
3	使用工具及设备的能力	□1. 能正确使用冰点仪 □2. 能正确使用机油滤清器扳手 □3. 能正确使用故障诊断仪	10	未完成1项扣3分	□熟练 □不熟练	□熟练 □不熟练	□合格 □不合格
4	资料、信息查询能力	□1. 能正确查询线束插接器端子含义 □2. 能正确使用维修手册查询资料 □3. 能正确记录查询资料章节及页码 □4. 能正确记录所需维修信息	10	未完成1项扣3分，扣分不得超过10分	□熟练 □不熟练	□熟练 □不熟练	□合格 □不合格
5	数据判断和分析能力	□1. 能判断冷却液液位是否正常 □2. 能判断冷却液冰点是否正常 □3. 能判断制动液液位是否正常 □4. 能判断胎压是否正常	10	未完成1项扣3分，扣分不得超过10分	□熟练 □不熟练	□熟练 □不熟练	□合格 □不合格
6	表单填写、报告撰写的能力	□1. 字迹清晰 □2. 语句通顺 □3. 无错别字 □4. 无涂改 □5. 无抄袭	5	未完成1项扣1分	□熟练 □不熟练	□熟练 □不熟练	□合格 □不合格

总分：

学习情境二

驱动系统的维护与小总成更换

电动汽车动力驱动系统是能量存储系统与车轮之间的纽带，其作用是将能量存储系统输出的能量（化学能、电能）转换为机械能，推动车辆克服各种滚动阻力、空气阻力、加速阻力和爬坡阻力，制动时将动能转换为电能回馈给能量存储系统。现代电动汽车与传统的燃油汽车不同，其动力驱动系统可以省去复杂、笨重的机械齿轮变速机构，能提供满足车辆行驶速度范围宽和负载变化大的转矩转速特性，即低速恒转矩和高速恒功率。本学习情境主要介绍减速器油液的检查与维护、混合动力自动变速器的检查与维护、驱动电机的检查与维护、电机控制器的检查与维护和动力蓄电池的维护与小总成更换。

任务一　减速器油液的检查与维护

【学习目标】

知识目标：

1）掌握减速器的结构及性能参数。
2）掌握减速器的工作原理。
3）掌握减速器油液的基础知识。

技能目标：

1）具有记录车辆信息参数的能力。
2）具有按要求进行高压安全防护与标准断电的能力。
3）具有依据维修维护手册，对车辆减速器油液进行检查、添加与更换的能力。

素养目标：

1）在操作过程中树立操作安全意识。
2）能够观察自己的行为和工作技巧。
3）能在工作结束后按照 7S 管理规定整理、恢复作业场地，养成良好的工作习惯。

4）以大国工匠徐立平 30 多年来保持着 100% 产品合格率和安全事故为零的纪录为案例，培养学生一丝不苟的工作态度。

【任务描述】

你被安排到售后车间新能源汽车的维修岗位，一辆 2018 年款吉利 EV450 纯电动汽车被送来店里进行维护，此时你作为维修人员，需要协助技师按照规范程序，对减速器油液进行检查并更换。

【获取信息】

一、减速器的功能

减速器装在驱动电机和驱动半轴之间，驱动电机的动力输出轴通过花键直接与减速器输入轴齿轮连接。减速器的功能：一方面减速器将驱动电机的动力传给驱动半轴，起到降低转速增大转矩的作用，另一方面满足汽车转弯及在不平路面上行驶时，左、右驱动轮以不同的转速旋转，保证车辆平稳运行。

电动机的速度—转矩特性非常适合汽车驱动的需求，在纯电动模式下，汽车的驱动系统不需要多档位的变速器，驱动系统的结构得以大幅简化。

> 想一想：
> 与传统燃油汽车相比，新能源汽车驱动系统的结构得以简化，其整车动力是否降低？

二、减速器的参数

以吉利 EV450 纯电动汽车为例，减速器的技术参数见表 3-4。减速器装在前机舱，动力总成支架下方和驱动电机连接在一起，如图 3-1 所示。图 3-2 所示为减速器实物图。

表 3-4 吉利 EV450 纯电动汽车减速器的技术参数

项目	参数
转矩容量 /N·m	300
转速范围 /（r/min）	≤ 14000
减速器速比	8.28∶1
减速器油牌号	Dexron Ⅳ
减速器油量 /L	1.7 ± 0.1
润滑方式	飞溅润滑
减速器最高输出转矩 /N·m	2500
效率（%）	>95

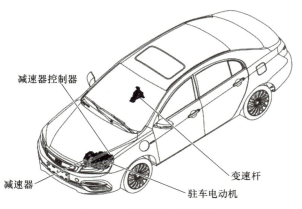

图 3-1 减速器的安装位置

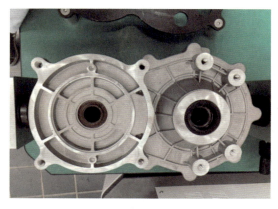

图 3-2 减速器实物图

三、减速器的工作原理

减速器动力传动机械部分是依靠两级齿轮副来实现减速增矩的。其按功用和位置分为 7 个组件：中间轴输入齿轮、输入轴齿轮、驻车棘爪、中间轴输出齿轮、输出轴齿轮、差速器和驻车电动机，如图 3-3 所示。

吉利 EV450 纯电动汽车采用单速比减速器，只有 1 个前进档、1 个倒车档、1 个空档和 1 个驻车档。当车辆处在驻车档时，减速器会通过 1 套锁止装置锁止减速器。减速器动力传递路线如图 3-4 所示。

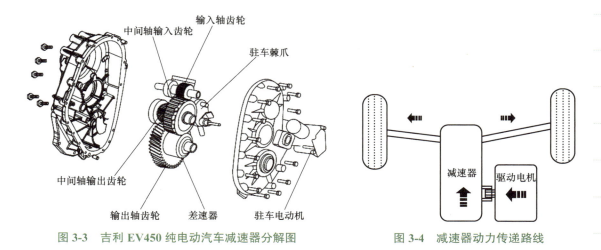

图 3-3 吉利 EV450 纯电动汽车减速器分解图　　　图 3-4 减速器动力传递路线

四、减速器控制

1. 换档过程

驾驶人操作电子换档器进入 P 位，电子换档器将驻车请求信号发送到整车控制器（VCU），VCU 结合当前驱动电机转速及轮速情况判断是否符合驻车条件。当符合条件时，VCU 发送驻车指令到 TCU，TCU 根据驻车条件判断是否进行驻车，TCU 控制驻车电动机进入 P 位，锁止减速器。驻车完成后 TCU 将收到减速器发出的 P 位位置信号，并将此信号反馈给 VCU，完成换档过程。

2. 驻车控制

驾驶人操作电子换档器退出 P 位，电子换档器将解除驻车请求信号发送给 VCU，VCU 结合当前驱动电机转速及转速情况判断是否满足解除驻车条件。当符合条件时，VCU 发送解除驻车指令到 TCU，TCU 根据解锁条件判断是否进行解锁，TCU 控制电机解除 P 位锁止减速器。解除驻车完成后，TCU 将收到减速器发出的档位位置信号，并将此信号反馈给 VCU，完成换档过程，如图 3-5 所示。

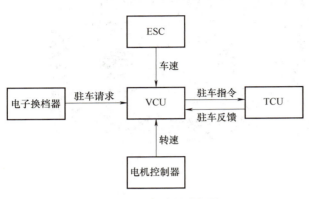

图 3-5 驻车控制流程图

3. 换档电动机

驻车电动机有一个编码器，输出 4-bit 代码用来确定驻车电动机的位置。TCU 接口通过汽车 CAN 总线接收来自其他车辆系统的信息（驱动电机转速、车速、停车请求等）。TCU 接收相关的换档条件和换档请求，直接控制驻车电动机驱动棘爪扣入或松开棘轮，以达到驻车或解除驻车的功能。

头脑风暴：

驻车需要同时满足哪些条件？
解除驻车需要满足哪些条件？

五、减速器油液的基础知识

减速器润滑油主要采用齿轮润滑油。它和机油在使用条件、自身成分和使用性能上均存在着差异。齿轮油主要起润滑齿轮和轴承、防止磨损和锈蚀、帮助齿轮散热等作用。由于减速器齿轮传动时表面压力高，所以齿轮油对齿轮的润滑、抗磨、冷却、散热、防腐防锈、洗涤和降低齿面冲击与噪声等方面起着重要作用。齿轮油应具有良好的抗磨、耐负荷性能和合适的黏度。此外，齿轮油还应具有良好的热氧化安定性、抗泡性、水分离性能和防锈性能。

齿轮油一般要求具备以下 6 条基本性能。

1. 合适的黏度

黏度是齿轮油最基本的性能。黏度大，形成的润滑油膜较厚，抗负载能力相对较大。

2. 足够的极压抗磨性

极压抗磨性是齿轮油最重要的性质、最主要的特点，是赖以防止运动中齿面磨损、擦伤和胶合的性能。为防止油膜破裂造成齿面磨损和擦伤，在齿轮油中一般都加入极压抗磨剂，以前常用硫-氯型、硫-磷-氯型、硫-氯-磷-锌型、硫-铅型和硫-磷-铅型添加剂，现普遍采用硫-磷或硫-磷-氮型添加剂。

3. 良好的抗乳化性

齿轮油遇水发生乳化变质会严重影响润滑油膜的形成而引起擦伤、磨损。

4. 良好的热氧化安定性

良好的热氧化安定性可以保证油品的使用寿命。

5. 良好的抗泡性

若生成的泡沫不能很快消失，将影响齿轮啮合处油膜形成，夹带泡沫使实际工作油量减少，影响散热。

6. 良好的防锈、防腐蚀性

腐蚀和锈蚀不仅破坏齿轮的几何学特点和润滑状态，腐蚀与锈蚀产物会进一步引起齿轮油变质，产生恶性循环。

齿轮油还应具备其他一些性能，如黏附性、剪切安定性等。

六、汽车齿轮油的黏度分类

我国汽车齿轮油的黏度分类见表 3-5。

表 3-5　我国汽车齿轮油的黏度分类

黏度牌号	100℃时运动黏度 /（mm²·s）		
	达到 150Pa·s 的最高温度 /℃	最低	最高
70W	-55	4.1	—
75W	-40	4.1	—
80W	-26	7.0	—
85W	-12	11.0	—
90W	—	13.5	24.0
140W	—	24.0	—
250W	—	41.0	—

时事热点讨论：

　　2022 年 3 月 2 日，由中华全国总工会、中央广播电视总台联合举办的 2021 年"大国工匠年度人物"发布活动。自 2021 年 7 月启动以来，经过推荐—自荐—组委会办公室初选—专家评委会严格评审等环节，最终评选出 10 位 2021 年"大国工匠年度人物"。获奖人物之一徐立平是中国航天科技集团有限公司第四研究院 7416 厂班组长。30 多年来，徐立平立足航天固体发动机整形岗位，不惧危险、执着坚守、勇于担当，练就一身绝技绝招，为火箭上天、导弹发射、神舟遨游"精雕细刻"，是雕刻火药、为国铸剑的大国工匠。他光荣当选第十三届全国人大代表，荣获时代楷模、最美航天人、全国技术能手等荣誉称号，获全国五一劳动奖章、中华技能大奖。凭着过人的胆识和刻苦练习，徐立平练就了一手"精雕细刻"的绝活。0.5mm 是固体发动机药面允许的最大误差，而徐立平整形的误差不超过 0.2mm。30 多年来，徐立平整形的产品始终保持着 100% 合格率和安全事故为零的纪录。他还依托"徐立平大师技能工作室"帮助青年职工成长，所在班组被命名为"徐立平班组"，其中多人成长为国家级技师和技能技艺骨干。

　　结合大国工匠徐立平零事故的纪录，讨论汽车维护工作中，如何做到操作无失误。

减速器油液的检查与维护	学习任务单	班级：
		姓名：

1. 减速器的主要功能是将整车驱动电机的_____，以实现整车对驱动电机的_____、_____要求。

2. 减速器动力传动机械部分是依靠_____来实现减速增矩的。其按功用和位置分为 7 个组件：_____、_____、_____、_____、_____、_____、_____。

3. _____一般装在前机舱_____支架下方，和_____连接在一起，有的减速器安装在电动汽车的_____。

4. 减速器动力传递路线：_____→输入轴→_____→中间轴齿轮→_____→差速器半轴齿轮→_____→左、右车轮。

5. 简述减速器动力传动的检查方法。

6. 简述减速器油液的类型。

扫一扫

变速器润滑油的检查

【任务实施】 减速器油液的检查、添加与更换

【实训器材】

吉利 EV450 纯电动汽车、绝缘防护装备、常用工具和维修手册等。

【作业准备】

检查举升机，将车辆在工位停放周正，铺好车内和车外护套。

【操作步骤】

一、车辆定期维护前准备

为确保车辆的最佳性能，保证车辆的安全性，实现较佳的经济性与较长的使用寿命，在对车辆进行定期维护时，需要规范、细致、全面地进行操作。因此定期维护前的一些准备工作是十分必要的，包含以下内容：人员准备、场地准备、工具和材料准备、车辆准备。

二、减速器外观检查

操作示意图	操作方法	操作标准
	检查吉利EV450纯电动汽车减速器外部	应无磕碰、变形，无渗油、漏油情况
	检查吉利EV450纯电动汽车减速器半轴防尘套密封情况	无破损、无漏油，防尘套紧固卡环无松动

三、减速器油液的检查、添加与更换

减速器初次维护磨合后，建议行驶30000km或使用3个月后更换润滑油，之后按要求进行定期维护。

减速驱动桥定期维护周期按里程或使用时间判断，以先到为准。表3-6所示为减速器建议维护周期，超过6万km时按相同周期进行维护。在更换润滑油之前，应先检查减速驱动桥是否漏油。非换油作业举升车辆时，应先检查减速驱动桥是否漏油。

减速驱动桥要求换润滑油型为DEXRON VI合成油，油量为1.7L。

表3-6 减速器建议维护周期

里程表读数/km	1	2	3	4	5	6	7	8
月数	6	12	18	24	30	36	42	48
方法	B	H	B	H	B	H	B	H

注：B指在维护检查必要时更换润滑油，H指更换润滑油。

1. 减速器油液的检查、添加与更换步骤

1）整车下电。

2）水平举升车辆，检查减速驱动桥是否漏油，如有漏油，则查明原因并处理。

3）拆卸减速驱动桥放油螺塞，排放润滑油。放油螺塞位置通常在驱动桥壳最底部。

4）在放油结束后，按规定力矩（19~30N·m）拧紧放油螺塞。如有需要，可以在放油螺塞上涂抹少量密封胶。

5）拆卸加油螺塞。加油螺塞位置通常在放油螺塞旁边，但要高于放油螺塞。

6）加注润滑油，直到加油螺塞孔有油液流出，停止加注，此时油位达到要求。

7）按规定力矩（19~30N·m）拧紧加油螺塞。

8）使用抹布擦净减速器底部润滑油。

9）试车运行一段时间，再次检查加速驱动桥是否漏油。

2. 减速器总成漏油及液位检查步骤

1）整车下电。

2）举升车辆，检查减速驱动桥总成是否漏油。如果有，应查明原因并处理。

3）拆卸放油螺塞，检查油位。如果润滑油能从加油孔缓慢流出，说明油位正常。否则，应补充规定的润滑油，直到加油孔有油液流出为止。

> **小提示：**
>
> 若润滑油不足，应按规定型号和油量添加润滑油；若轴承损坏或磨损、齿轮损坏或磨损，应该参考维修手册对减速器进行维修，否则将会导致减速器发出异常噪声。

减速器油液的检查、添加与更换	工作任务单	班级：
		姓名：

1. 车辆信息记录

品牌		整车型号		生产日期	
驱动电机型号		蓄电池电量		行驶里程	
车辆识别代号					

2. 作业场地准备

检查设置隔离栏	□是 □否
检查设置安全警示牌	□是 □否
检查灭火器的压力和有效期	□是 □否
安装车辆挡块	□是 □否

3. 记录故障现象

4. 使用故障诊断仪读取故障码、数据流

故障码	
数据流	

（续）

5. 根据车辆实际情况制订减速器维护方案

6. 维护项目具体操作

维护项目	检测目的	操作方法	工具	结果判断

7. 故障确认

故障点	故障类型	维修措施

8. 竣工检验

车辆是否正常上电	□是　□否
减速器润滑油加注是否足量	□是　□否

9. 作业场地恢复

拆卸车内三件套	□是　□否
拆卸翼子板布	□是　□否
将高压警示牌等放至原位置	□是　□否
清洁、整理场地	□是　□否

减速器油液的检查与维护		实习日期：	
姓名：	班级：	学号：	教师签名：
自评：□熟练　□不熟练	互评：□熟练　□不熟练	师评：□合格　□不合格	
日期：	日期：	日期：	
减速器油液的检查、添加与更换【评分细则】							

序号	评分项	得分条件	分值	评分要求	自评	互评	师评
1	安全/7S/态度	□ 1. 能进行工位 7S 操作 □ 2. 能进行设备和工具安全检查 □ 3. 能进行车辆安全防护操作 □ 4. 能进行工具清洁、校准、存放操作 □ 5. 能进行三不落地操作	15	未完成1项扣3分	□熟练 □不熟练	□熟练 □不熟练	□合格 □不合格

（续）

序号	评分项	得分条件	分值	评分要求	自评	互评	师评
2	专业技能能力	□ 1. 能正确确认故障现象 □ 2. 在加注孔塞下方放置接油桶 □ 3. 能确认齿轮油安全检查的油温 □ 4. 检测齿轮油油质过程中，油液不滴落 □ 5. 能确认齿轮油泄漏位置的部件名称 □ 6. 能说出齿轮油泄漏位置的维修措施 □ 7. 安装放油螺塞，擦拭周围的油渍 □ 8. 选择合适的加注设备加注油液，且加注油量符合要求	50	未完成1项扣6分	□熟练 □不熟练	□熟练 □不熟练	□合格 □不合格
3	使用工具及设备的能力	□ 1. 能正确选用维修工具 □ 2. 能正确使用维修工具拆装 □ 3. 能正确使用油液加注设备	10	未完成1项扣3分	□熟练 □不熟练	□熟练 □不熟练	□合格 □不合格
4	资料、信息查询能力	□ 1. 能正确查询减速齿轮油的容量和型号 □ 2. 能正确使用维修手册查询资料 □ 3. 能正确记录查询资料章节及页码 □ 4. 能正确记录所需维修信息	10	未完成1项扣3分，扣分不得超过10分	□熟练 □不熟练	□熟练 □不熟练	□合格 □不合格
5	数据判断和分析能力	□ 1. 能判断齿轮油液位是否正常 □ 2. 能判断齿轮油油质是否正常 □ 3. 能判断油水是否泄漏及维修措施 □ 4. 能判断减速齿轮油更换周期是否正常	10	未完成1项扣3分，扣分不得超过10分	□熟练 □不熟练	□熟练 □不熟练	□合格 □不合格
6	表单填写、报告撰写的能力	□ 1. 字迹清晰 □ 2. 语句通顺 □ 3. 无错别字 □ 4. 无涂改 □ 5. 无抄袭	5	未完成1项扣1分	□熟练 □不熟练	□熟练 □不熟练	□合格 □不合格

总分：

任务二　混合动力自动变速器的检查与维护

【学习目标】

知识目标：

1）了解混合动力汽车自动变速器的结构。

2）掌握比亚迪混合动力自动变速器的工作原理。

3）掌握比亚迪混合动力自动变速器的性能指标及参数要求。

技能目标：

1）具有完整记录车辆参数的能力。

2）具有依据维修维护手册，对自动变速器滤清器（含油底壳）进行更换、清洗的能力。

素养目标：

1）在操作过程中树立操作安全意识。

2）通过制订维护计划，培养学生分析问题和解决问题的能力。

3）能在工作结束后按照 7S 管理规定整理、恢复作业场地，养成良好的工作习惯。

4）以中国高铁取得的瞩目成就为案例，引导学生讨论我国自主品牌汽车取得了哪些技术突破，培养学生的民族自豪感。

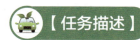【任务描述】

你被安排到售后车间新能源汽车的维修岗位，一辆 2018 年款比亚迪唐被车主开来店里进行维护，此时你作为维修人员，需要协助技师按照规范程序，对比亚迪混合动力自动变速器油液进行检查并更换。

【获取信息】

一、混合动力自动变速器的概述

混合动力自动变速器能将发动机与驱动电机的动力以一定的方式耦合在一起并能实现变速、变矩的传动系统。混合动力自动变速器通常可分为专用混合动力自动变速器和基于传统变速器集成混合动力自动单元（驱动电机及相应的控制系统）的改进型混合动力自动变速器。典型的专用混合动力变速器有丰田的 THS 系统、上汽的 EDU Ⅰ/Ⅱ 系统等；改进型混合动力自动变速器有比亚迪 DM-i 系统、大众的 DQ400e（P2-DCT）等。

在混合动力系统中，驱动电机的工作方式极为灵活：可以单独驱动车辆，实现纯电行驶；可作为发动机的起动装置，辅助发动机起动；可为发动机提供助力，提高车辆的加速能力；可在与发动机共同驱动车辆时，通过调整发动机的转矩负荷改善发动机的燃油经济性；可以作为能量回馈装置，回收车辆减速中的制动能量等。

通过发动机、电机以不同的方式进行动力耦合，混合动力自动变速器可实现多种混合动力功能，如纯电驱动、串联驱动（双电机系统）、并联驱动、混联驱动（双电机系统）、发动机驱动充电、能量回收和怠速充电等。通过高效的能量管理技术，混合动力系统可使发动机更长时间维持在高效区间运转，从而节省燃油。插电式混合动力系统在发动机的起停时机、能量管理等方面较灵活，对油、电的使用更加合理，从而达到效率更高、综合用车成本最低的目标。

想一想：

混合动力汽车的变速器与传统汽车的变速器有什么不同？

_____

_____

二、混合动力自动变速器主要部件的结构特点

1. 双质飞轮

混合动力自动变速器在使用过程中，由于各种因素，其振动幅度以及噪声非常大。设计师在对混合动力自动变速器设计过程中，使用一个双质量飞轮工具作为扭转减振器，降

低振动频率和幅度。扭转减振器的结构与手动变速器车辆的部件相似，虽然发动机并不通过独立的起动机来完成工作，但是仍需要起动机镶嵌连接在一起的齿轮，使其达到曲轴的转速。发动机在运转过程中存在的不稳定性，并不能依靠电动机来控制，发动机与变速器之间必须安装双质量飞轮来控制运行过程中存在的不稳定性。

2. 机油泵

主动变速器在组装过程中并没有安装无液力变速器，但变速器的各个组件在运行过程中仍然需要润滑作用，才能促进其顺畅运行。无液力变速器使用过程中要配置燃油泵对其运行状况进行调节。为了完成润滑作用以及对片式离合器的操控，要在变速器的输入端周围安装固定的机油泵。该机油泵的驱动可以通过发动机的传送动力完成，也可以专门安装电动机进行驱动。

3. 电液控制模块

混合动力系统的车辆在使用自动变速器进行驱动过程中，使用电液控制模块来进行驱动操作。在电液控制模块中，混合动力变速器控制系统是非常重要的组成部分。

4. 驻车锁

混合变速器的混合动力驻车锁与其他自动变速器的驻车锁有一定的差别，它并不像传统自动变速器中的驻车锁一样使用液压来驱动驻车锁。混合动力自动变速器的混合动力驻车锁是通过一个电动机对其驱动过程进行操控，该电动机并不是单纯的电气系统，它与其他电控单元（ECU）组成了一个综合性操控室，该电气系统与其他电控单元集成在一个内壳中，被称为直接换档模块。

5. 电动机

混合动力变速驱动系统中并没有固定的液力变矩器，所以发动机的实际转速与它的输出转速之间存在较大差异。在发动机起步阶段，可以通过电动机弥补发动机转速与输出转速之间的差异。利用发动机起步的过程中，发动机开始时仅驱动两个电动机中的一个，该电动机产生电能从而驱动第二个电动机，同时产生变速器输出轴上的转矩，从而最终驱动车辆行驶。在发动机驱动的两个电动机中，每一个电动机都有一个供电电子装置执行机构，执行控制单元发出的指令，除了执行指令外，还用于分析电动机内温度传感器以及电机位置传感器发出的信号。

6. 混合动力主控控制单元

混合动力驱动装置以及主动变速器在发挥作用的过程中，要通过混合动力主控控制单元，也就是混合动力控制处理器来发生作用。自动变速器具有混合动力主控工作单元功能，比较重要的6个功能有对驾驶人指令进行准确的分析并确定档位；根据行车过程中的具体状况以及驾驶人的指令，选择换档模式；促进适应变速器对系统进行控制；在行驶过程中计算内部片式离合器需要的力矩；在行车过程中计算变速器输出端上的额定转矩。

7. 混合动力自动变速器控制系统

混合动力主控控制单元的规定值由混合动力自动变速器控制系统确定。混合动力变速器控制系统与其他自动变速器的电控系统有较大的差异，不是单纯用于变速器功能的主控单元，而是一个进行

头脑风暴：

混合动力汽车变速器需要用到哪些传感器？

_____

_____

智能设计、执行机构控制的智能型控制系统。

三、BYDT75 变速器总成

1. 湿式双离合变速器的工作原理

湿式双离合变速器（Wet Dual Clutch Transmission）是用油液冷却的离合器，其冷却油不对摩擦片起保护作用，而使动力传递平滑柔和，其优点是使用寿命长，一般不会发生故障，除非违反操作规程，经常使离合器处于半离合状态工作。

6速双离合自动变速器采用"湿式"双离合器，双离合器为一大一小两组同轴安装在一起的多片式离合器，分别连接1、3、5档以及倒档和2、4、6档齿轮。"湿式"是指双离合器安装在一个充满液压油的封闭油腔里。这种"湿式"结构具有更好的调节能力和优异的热容性，因此能够传递比较大的转矩。6速DCT可匹配最大转矩为350N·m的发动机。

6速湿式双离合自动变速器被应用在功率超过160马力（1马力≈0.735kW）的车型上，最小转矩为250N·m，而6速干式双离合自动变速器被应用在功率为150马力的车型上，最大转矩为240N·m，其最主要的原因是它们的承载转矩上限不一样。6速的湿式双离合自动变速器由于浸泡在润滑油中工作，衔接会更加细腻，应对大功率输出，运动性也更强，而6速的干式双离合自动变速器，虽然比普通手动档或自动变速器速度快，但比湿式双离合自动变速器要差。

2. BYDT75 型双离合自动变速器外观

BYDT75 型双离合自动变速器的外观如图3-6所示。

3. BYDT75 型变速器型号与参数

BYDT75 型变速器参数见表3-7，变速器档位参数见表3-8。

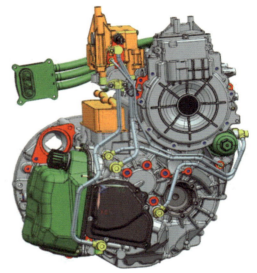

图 3-6　BYDT75 型双离合自动变速器的外观

表 3-7　BYDT75 型变速器参数

名称	混合动力湿式双离合变速器	名称	混合动力湿式双离合变速器
代码	BYDT75	离合器	两组多片湿式双离合器
质量	140kg	档位	6前进档，1倒档，电动档
最大转矩	450N·m	操作模式	手自一体变速器
最大功率	191kW	初装油量	8.5L
驱动方式	纯燃油驱动、纯电动、混合动力	技术特点	混合动力、电动档、驻车发电、反拖起动

表 3-8　BYDT75 型变速器档位参数

	1档	2档	3档	4档	5档	6档	倒档
档位速比	3.615	2.048	1.3	0.902	0.914	0.756	4.479
主减速比	4.73				3.55		
总速比	17.113	9.692	6.135	4.272	3.246	2.684	15.903
电动直接档速比	10.354			驻车发电档速比	2.122		

时事热点讨论：

2008年8月1日，北京至天津的城际高速铁路正式开通运营。开通后，列车最高运营速度可达到350km/h，北京到天津直达运行时间在30min以内。5年，走完国际上40年高速铁路发展历程；集世界最先进的4种技术，创造出举世瞩目的中国高铁品牌，从引进200km/h高速列车技术到自主开发380km/h"和谐号"动车组，从京津城际铁路到京沪高铁开通，中国已成为世界上高速铁路系统技术最全、集成能力最强、运营里程最长、运行速度最快、在建规模最大的国家，铁路部门用汗水、智慧和胆识向世界交出了一份精彩答卷。

高铁已经成为中国的一张新名片，以比亚迪、吉利为代表的我国自主品牌汽车也取得了瞩目的成绩。结合所学知识，讨论我国自主品牌汽车实现了哪些技术突破。

_____
_____
_____

混合动力自动变速器的检查与维护	学习任务单	班级：
		姓名：

1. 双离合变速器有别于一般的自动变速器系统，它基于手动变速器而又不是_____，除了拥有手动变速器的灵活性及自动变速器的舒适性外，还能提供无间断的动力输出。

2. 双离合变速器内含有_____个自动控制的离合器，由电子控制及液压推动，能同时控制离合器的运作。DCT的传动轴运动时被分为两部分，一部分为_____的传动轴，另一部分为_____的传动轴，实心的传动轴连接了1、3、5档及倒档，而空心的传动轴连接2、4档及6档，两个离合器各自负责1根传动轴的啮合动作，动力无间断地传输。

3. 结合下图所示混合动力自动变速器实物写出其包括的主要部件。

4. 通过发动机、电机以不同的方式进行动力耦合，混合动力自动变速器可实现哪些功能？

【任务实施】 混合动力自动变速器的检查与维护

【实训器材】

吉利 EV450 纯电动汽车、绝缘防护装备、常用工具和维修手册等。

【作业准备】

检查举升机,将车辆在工位停放周正,铺好车内和车外护套。

【操作步骤】

扫一扫

更换双离合
自动变速器油
(EV450 TCU)

一、BYDT75 变速器操作注意事项

1)当变速器打开时,不得有污物进入变速器。

2)将拆下的部件放在干净的垫板上并盖住,以免弄脏。使用薄膜和纸张遮盖,不使用纤维质的抹布。

3)安装干净的零部件,在安装时才从包装中取出原厂件。

4)如果维修工作不能立即进行,应仔细地将打开的零部件遮盖或密封起来。不得向油里掺入任何添加剂。

5)排出的变速器油不允许直接重新添加。对排出的变速器油要进行合理的废弃处理。

二、更换 BYDT75 变速器滤清器

1. 不必更换滤清器的情况

不必更换滤清器的情况包括滤芯及外壳无破损,滤芯无杂质。

2. 必须更换滤清器的情况

1)维护周期达到 60000km。

2)冷却液进入机油。

3)在机油中有金属屑。

4)离合器烧毁或机械损坏。

操作示意图	操作方法	操作标准
	更换 BYDT75 变速器滤清器	更换滤芯时,同时更换滤芯罩

三、更换 BYDT75 变速器油

1. 排出变速器油

1）依次取出放油螺塞,排出变速器内的油液。

2）使用专用器皿收集排出的变速器油。

2. 加注变速器油

1）将放油螺塞打上密封胶后与新的放油螺塞垫片一同安装到位,拧紧力矩为 45N·m。

2）拆下注油螺塞和注油螺塞垫片,加注变速器油到油位孔下沿,标准加油量为 7.8L。

3）整车挂 P-N-D-R-R 位,保持变速器位置,多余的油从油位孔自然溢出。

4）将注油螺塞与新的注油螺塞垫片一同安装,拧紧力矩为 45N·m。

操作示意图	操作方法	操作标准
放油螺塞垫片　放油螺塞	拆装放油螺塞和放油螺塞垫片	采用棘轮扳手进行拆装;以规定力矩(45N·m)拧紧放油螺塞,在放油螺塞上涂抹少量密封胶

小提示:

为了保障车辆的使用性能达到最佳状态,操作前准备好零部件箱以及零部件架,用来放置拆卸、分解的零部件。放置时,必须有次序,必要时做上标记,避免发生混乱、放错。检修铝合金部件时要十分小心,避免损伤加工表面。

混合动力自动变速器的检查与维护	工作任务单	班级:
		姓名:

1. 车辆信息记录

品牌		整车型号		生产日期	
驱动电机型号		蓄电池电量		行驶里程	
车辆识别代号					

2. 作业场地准备

检查设置隔离栏	□是 □否
检查设置安全警示牌	□是 □否
检查灭火器压力、有效期	□是 □否
安装车辆挡块	□是 □否

（续）

3. 记录故障现象				

4. 使用故障诊断仪读取故障码、数据流	
故障码	
数据流	

5. 根据车辆实际情况制订自动变速器维护方案

6. 维护项目具体操作				
维护项目	检测目的	操作方法	工具	结果判断

7. 故障确认		
故障点	故障类型	维修措施

8. 竣工检验	
车辆是否正常上电	□是　□否
自动变速器油加注是否足量	□是　□否

9. 作业场地恢复	
拆卸车内三件套	□是　□否
拆卸翼子板布	□是　□否
将高压警示牌等放至原位置	□是　□否
清洁、整理场地	□是　□否

混合动力自动变速器的检查与维护			实习日期：			
姓名：		班级：		学号：		教师签名：
自评：□熟练　□不熟练		互评：□熟练　□不熟练		师评：□合格　□不合格		
日期：		日期：		日期：		
混合动力自动变速器的检查与维护【评分细则】						
序号	评分项	得分条件	分值	评分要求	自评	互评	师评
1	安全/7S/态度	□1. 能进行工位7S操作 □2. 能进行设备和工具安全检查 □3. 能进行车辆安全防护操作 □4. 能进行工具清洁、校准和存放操作 □5. 能进行三不落地操作	15	未完成1项扣3分	□熟练 □不熟练	□熟练 □不熟练	□合格 □不合格
2	专业技能能力	□1. 能正确确认故障现象 □2. 在加注孔塞下方放置接油桶 □3. 能确认自动变速器油安全检查的油温 □4. 检测自动变速器油油质过程中，油液不滴落 □5. 能确认自动变速器油泄漏位置的部件名称 □6. 能说出自动变速器油泄漏位置的维修措施 □7. 安装放油螺塞，擦拭周围的油渍 □8. 选择合适的加注设备加注油液，且加注油量符合要求	50	未完成1项扣6分	□熟练 □不熟练	□熟练 □不熟练	□合格 □不合格
3	使用工具及设备的能力	□1. 能正确选用维修工具 □2. 能正确使用维修工具拆装 □3. 能正确使用油液加注设备	10	未完成1项扣3分	□熟练 □不熟练	□熟练 □不熟练	□合格 □不合格
4	资料、信息查询能力	□1. 能正确查询自动变速器油容量和型号 □2. 能正确使用维修手册查询资料 □3. 能正确记录查询资料章节及页码 □4. 能正确记录所需维修信息	10	未完成1项扣3分，扣分不得超过10分	□熟练 □不熟练	□熟练 □不熟练	□合格 □不合格
5	数据判断和分析能力	□1. 能判断自动变速器油液位是否正常 □2. 能判断自动变速器油油质是否正常 □3. 能判断油水是否泄漏及维修措施 □4. 能判断自动变速器油更换周期是否正常	10	未完成1项扣3分，扣分不得超过10分	□熟练 □不熟练	□熟练 □不熟练	□合格 □不合格
6	表单填写、报告撰写的能力	□1. 字迹清晰 □2. 语句通顺 □3. 无错别字 □4. 无涂改 □5. 无抄袭	5	未完成1项扣1分	□熟练 □不熟练	□熟练 □不熟练	□合格 □不合格

总分：

任务三　驱动电机的检查与维护

知识目标：

1）掌握驱动电机的作用、位置和性能要求。

2）掌握驱动电机的工作原理。

3）掌握驱动电机的维护内容。

技能目标：

1）具有对驱动电机组件进行清洁度、腐蚀、紧固检查的能力。

2）具有对驱动电机接插件进行清洁度、腐蚀、紧固检查的能力。

3）具有对驱动电机进行接地电阻与绝缘电阻检查的能力。

4）具有对驱动电机三相线束进行更换的能力。

素养目标：

1）能够在小组中与他人高效地沟通。

2）通过制订维护计划，培养学生分析问题和解决问题的能力。

3）在工作结束后按照 7S 管理规定整理、恢复作业场地，养成良好的工作习惯。

4）以天津滨海新区爆炸事故为案例，引导学生讨论安全生产的重要性，培养学生高压安全意识。

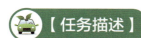

你被安排到售后车间新能源汽车的维修岗位，一辆 2018 款吉利 EV450 纯电动汽车被送来店里进行维护，此时你作为维修人员，需要协助技师按照规范程序，完成对驱动电机的检查与维护。

一、驱动电机的作用

驱动电机、电控系统、动力蓄电池是电动汽车的核心部分，称为"三电"。在电动汽车上，驱动电机替代了传统汽车上的发动机和发电机。内燃机通常是把化学能转化为机械能驱动车辆行驶，而驱动电机既可以将电能转化为机械能驱动车辆行驶，也可以作为发电机将机械能转化为电能并储存到蓄电池中。按照驾驶人的意图，电机控制器将动力蓄电池的高压直流电转变成驱动电机的高压三相交流电，从而使驱动电机产生旋转力矩，并通过传动装置将驱动电机的旋转运动传递给车轮，实现车辆的行驶。

目前，驱动电机不仅可以驱动车辆行驶，而且可以进行制动能量回收。在车辆制动、缓慢减速时，整车 ECU 发出相应指令使驱动电机转为发电机发电工况，此时驱动电机会将车辆动能转化为电能，通过电机控制器以电能的形式向动力蓄电池充电。

与传统汽油机不同，驱动电机没有怠速，即使车辆由静止到起步的临界状态，驱动电机也可以产生最大驱动转矩，可保证提供给车辆较好的加速度。驱动电机转矩与转速特性图如图 3-7 所示。

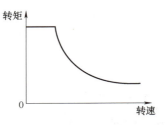

图 3-7　驱动电机转矩与转速特性图

电动汽车车辆高压部分维护一定要坚持"以人文为本，安全第一"的原则，为防止电击伤害，在维护前维护人员必须做好高压安全防护，正确选择和佩戴绝缘防护用具，使用高压检测工具。进行传统部分例如制动系统、行驶系统、转向系统等维护时，也应正确使用相关检查和维护工、量具。

> **想一想：**
> 纯电动汽车驱动电机的类型有哪些？

二、驱动电机的安装位置

图 3-8 所示为吉利 EV450 驱动电机的安装位置，驱动电机装在前机舱动力总成支架下面，与减速器、传动半轴连接。

> **头脑风暴：**
> 四驱电动汽车的驱动电机如何布置？

图 3-8　吉利 EV450 驱动电机的安装位置

三、驱动电机的工作原理

永磁同步电机的转子本身具有磁性，定子产生磁场，与转子磁场相互作用，产生电磁转矩，吸引转子同步旋转，定子磁场的形成需依据转子位置信息，以避免失步。当定子或转子的运行温度过高时，需要降功率或停机。

当三相交流电被接入定子线圈中，即产生了旋转的磁场，这个旋转的磁场牵引转子内部的永磁体，产生和旋转磁场同步的旋转转矩，如图 3-9 所示。

吉利 EV450 采用的旋转变压器是磁阻式旋转变压器，其结构如图 3-10 所示，旋变转子与驱动电机转子同轴连接，随驱动电机转轴旋转。旋变定子内侧有感应线圈，安装在驱动电机定子上。驱动电机旋转时，带动旋变转子旋转。旋转变压器与电机控制器中间通过 6 根低压线束连接，2 根是从电机控制器激励信号，另外 4 根分别是旋转变压器输出的正弦信号和余弦信号。6 根线中任何 1 根出现故障都会导致驱动电机无法正常工作。

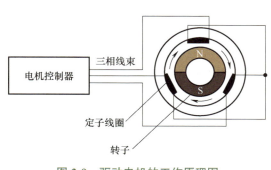

图 3-9　驱动电机的工作原理图

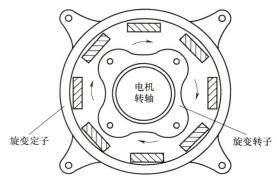

图 3-10　磁阻式旋转变压器

四、驱动电机的性能要求

吉利 EV450 纯电动汽车使用的永磁电机技术参数见表 3-9。

表 3-9　永磁电机技术参数

项目	参数	单位
额定功率	42	kW
峰值功率	120	kW
额定转矩	105	N·m
峰值转矩	250	N·m
额定转速	4200 或 3820	r/min
峰值转速	12000	r/min
电机旋转方向	从轴伸端看电机顺时针旋转	—
温度传感器类型	NTC	—
温度传感器型号	SEMITEC 13-C310	—
冷却液类型	乙二醇型	—
冷却液流量要求	8	L/min

新能源汽车所采用的驱动电机是通过电磁感应让电机旋转，从而实现对外输出动力，但是新能源汽车所采用的驱动电机安装环境较狭小，其工作环境复杂多变且恶劣；振动大、冲击大、灰尘多、腐蚀严重、高温高湿且温度变化大，因此新能源汽车对驱动电机提出更高的要求。新能源汽车所用驱动电机具体性能要求如下：

1）大的起动转矩和较大范围的调速性能。

2）能够承受 4~5 倍的过载。

3）高电压、高转速、质量小、体积小。

4）有良好的可靠性，耐高温和耐潮湿，运行时噪声小。

5）结构简单、使用维修方便，适合批量生产。

课堂讨论：

2015 年 8 月 12 日 22 时 51 分 46 秒，位于天津市滨海新区天津港的瑞海公司危险品仓库发生火灾爆炸事故，本次事故中爆炸总能量约为 450 吨 TNT 当量。造成 165 人遇难（其中参与救援处置的公安现役消防人员 24 人、天津港消防人员 75 人、公安民警 11 人，事故企业、周边企业员工和居民 55 人），8 人失踪（其中天津消防人员 5 人，周边企业员工、天津港消防人员家属 3 人），798 人受伤（伤情重及较重的伤员 58 人、轻伤员 740 人），304 幢建筑物、12428 辆汽车、7533 个集装箱受损。

依据《企业职工伤亡事故经济损失统计标准》等标准和规定统计，事故核定的直接经济损失为 68.66 亿元。经国务院调查组认定，8·12 天津滨海新区爆炸事故是一起特别重大生产安全责任事故。

新能源汽车驱动电机维修作业也存在一定的安全风险，需要考取相应资格证才能上岗。讨论新能源汽车生产作业中存在哪些风险，与传统汽车维修操作存在哪些不同。

驱动电机的检查与维护	学习任务单	班级： 姓名：

1. _____的性能直接决定了电动汽车的爬坡、加速、最高速度等主要性能指标。

2. 驱动电机不仅可以_____行驶，而且可以进行制动_____。

3. _____是一种输出电压随转子转角变化的信号元件。当_____以一定频率的交流电压励磁时，_____的电压幅值与转子转角成正、余弦函数关系，这种旋转变压器又称为_____。

4. 新能源车辆驱动电机多采用_____的方式，并配有_____对驱动电机的_____进行实时监控。

5. 简述驱动电机的工作原理。

6. 简述旋转变压器的功用。

项目三　整车常规维护与小总成更换

【任务实施】　**检查与维护驱动电机**

【实训器材】

吉利 EV450 纯电动汽车、绝缘防护装备、常用工具和维修手册等。

【作业准备】

检查举升机，将车辆在工位停放周正，铺好车内和车外护套。

【操作步骤】

扫一扫

驱动电机
绝缘性检测

一、检查与维护前的准备工作及注意事项

1）向用户了解驱动电机运行情况。

2）对漏水等无法长期保持的故障现象，需详细记录判断过程及检测数据。

3）故障确认过程，需准确记录驱动电机的温度和冷却液温度，并描述故障时整车运行工况（驱动电机是冷态或热态，故障时是否有剧烈振动，是否急加速、急减速工况等）。

4）确认故障前驱动电机、减速器、高低压线束等与驱动电机匹配的部件是否有升级、整改等操作。

5）详细记录整车故障现象、故障里程、驱动电机编号和车架号等基本车辆信息。

6）驱动电机拆卸前，要熟悉其结构特点和检修技术要领，准备好拆卸所需工具和设备。另外，需保证整车已切断电源。

7）在拆卸总成悬置螺栓时，为防止悬置孔滑丝，必须先用手动扳手将螺栓拧松，再使用气动扳手进行松动。

8）在合装总成悬置螺栓时，为防止悬置孔滑丝，拧紧悬置螺栓不应使用气动扳手，必须使用扭力扳手进行拧紧。

9）总成在拆解时，需要注意防止驱动电机插接件磕碰（特别是旋变和绕组温度传感器插接件），防止尘土杂质、水迹油污进入插接件端。在插接件装配时，需使用气枪进行清理。注意：检测过程不得破坏任何驱动电机零部件，完成检测后需恢复产品状态。

二、检查驱动电机外观

操作示意图	操作方法	操作标准
	检查驱动电机泄漏情况	表面无油液、无污渍，不存在漏液现象

(续)

操作示意图	操作方法	操作标准
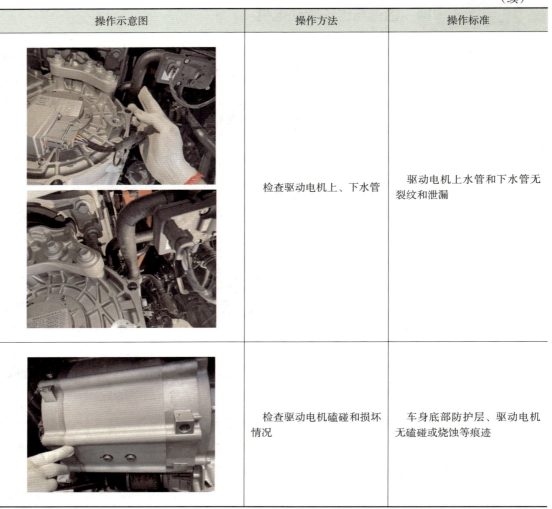	检查驱动电机上、下水管	驱动电机上水管和下水管无裂纹和泄漏
	检查驱动电机磕碰和损坏情况	车身底部防护层、驱动电机无磕碰或烧蚀等痕迹

三、清除驱动电机机座外部的灰尘和油泥

操作示意图	操作方法	操作标准
	清洁驱动电机外观	使用压缩空气或干布对驱动电机的外观进行清洁

四、检查驱动电机插接件的状态

驱动电机有高压插接件（三相交流）和低压插接件（16针）。

操作示意图	操作方法	操作标准
	检查驱动电机高压插接件连接状态	各个插接件不存在退针、变形、松脱、过热和损坏的情况
	检查驱动电机低压插接件的连接状态	各个插接件不存在退针、变形、松脱、过热和损坏的情况

五、检查驱动电机的螺栓紧固情况

检查驱动电机各固定部分螺栓固定状态，驱动电机与变速器总成、左右悬置总成存在连接关系，并与车身二层支架存在连接关系。故检查驱动电机螺栓固定状态，需检查驱动电机与变速器总成安装力矩和悬置总成安装力矩。

操作示意图	操作方法	操作标准
	检查驱动电机各固定部分螺栓固定状态	各部件规定力矩参数参考相关车型维修手册

六、检查驱动电机的绝缘情况

驱动电机在常规检查时必须检查其绝缘性，只有其绝缘性能符合标准要求，驱动电机才能安全使用。检查驱动电机绝缘情况的具体操作步骤如下：

1）查看驱动电机铭牌，根据驱动电机的额定电压选择合适的绝缘表。
2）检查绝缘表的好坏，选择合适的绝缘表档位，黑色导线接绝缘表"com"接线柱，红色导线接绝缘表"V"或"绝缘"接线柱。

操作示意图	操作方法	操作标准
	测量电机搭铁绝缘,将绝缘表黑表笔搭铁,红表笔分别测量驱动电机三相交流电端子U、V、W	U相、V相、W相的搭铁绝缘值应大于或等于550MΩ

七、驱动电机接地电阻测量

驱动电机在常规检查时必须检查其接地电阻,只有其接地电阻符合标准要求,驱动电机才能安全使用。检查驱动电机接地电阻情况的具体操作步骤如下:

1) 操作起动开关使电源模式置于OFF状态。

操作示意图	操作方法	操作标准
	接地电阻测量:将万用表打开到电阻档,将红色表笔接到测量端子,将黑色表笔接到车身搭铁,即可读取直流电压数值	表笔需要和被测物体接触牢固,待读数稳定后进行读数

2) 断开电机控制器线束插接器BV13。

3) 用万用表测量电机控制器线束插接器BV13端子5、6和车身搭铁之间的电阻,标准电阻:小于0.1Ω。

八、驱动电机三相线束更换

1) 打开前机舱盖。
2) 断开辅助蓄电池负极电缆连接。
3) 车辆下电。
4) 拆卸三相线束与电机控制器线束插接器。
5) 拆卸三相线束。

a. 拆卸三相线束 3 个固定卡扣。

b. 拆卸三相线束插接器 3 个固定螺栓 1。

c. 拆卸驱动电机线束盖板 10 个固定螺栓 2，取下驱动电机线束盖板及密封垫。

d. 拆卸三相线束 3 个端子固定螺栓，取下三相线束。

操作示意图	操作方法	操作标准
	拆卸三相线束固定卡扣	使用固定卡口拆卸专业工具进行拆卸
	拆卸电机线束盖板固定螺栓	取下电机线束盖板及密封垫，安装力矩为 9N·m
	拆卸三相线束端子固定螺栓	放置三相线束，固定螺栓安装力矩为 23N·m

6）安装三相线束。

a. 放置三相线束，紧固 3 个端子固定螺栓，紧固力矩为 23N·m。

b. 紧固三相线束插接器 3 个固定螺栓 1，紧固力矩为 9N·m。

c. 放置驱动电机线束盖板及密封垫，紧固驱动电机线束盖板 10 个固定螺栓 2，紧固力矩为 9N·m。

注意：驱动电机端盖合盖时，注意螺栓拆装顺序，密封良好。

d. 安装三相线束 3 个固定卡扣。

e. 安装三相线束与电机控制器连接端子。

f. 连接直流母线与车载充电机插接器。

7）连接三相线束与电机控制器线束插接器。

8）连接辅助蓄电池负极电缆。

9）关闭机舱盖。

小提示：

新能源汽车能否正常工作，很重要的因素就在于驱动电机能否正常运转。驱动电机的工作取决于很多因素。很多人认为电动汽车不需要维护或者不知道怎么维护，等到驱动电机出现问题才去 4S 店进行维修。这样不仅要支付高昂的维修费用，而且会影响了驱动电机的使用寿命。

检查与维护驱动电机		工作任务单	班级：
			姓名：

1. 车辆信息记录

品牌		整车型号		生产日期	
驱动电机型号		蓄电池电量		行驶里程	
车辆识别代号					

2. 作业场地准备

检查设置隔离栏	□是 □否
检查设置安全警示牌	□是 □否
检查灭火器压力、有效期	□是 □否
安装车辆挡块	□是 □否

3. 记录故障现象

4. 使用故障诊断仪读取故障码、数据流

故障码	
数据流	

5. 根据车辆实际情况制订驱动电机维护方案

6. 维护项目具体操作

维护项目	检测目的	操作方法	工具	结果判断

7. 故障确认

故障点	故障类型	维修措施

8. 竣工检验

车辆是否正常上电	□是 □否
驱动电机运转数据流有无错误	□是 □否

（续）

9. 作业场地恢复	
拆卸车内三件套	□是 □否
拆卸翼子板布	□是 □否
将高压警示牌等放至原位置	□是 □否
清洁、整理场地	□是 □否

驱动电机的检查与维护		实习日期：	
姓名：	班级：	学号：	教师签名：
自评：□熟练 □不熟练	互评：□熟练 □不熟练	师评：□合格 □不合格	
日期：	日期：	日期：	

驱动电机的检查与维护【评分细则】

序号	评分项	得分条件	分值	评分要求	自评	互评	师评
1	安全/7S/态度	□1. 能进行工位7S操作 □2. 能进行设备和工具安全检查 □3. 能进行车辆安全防护操作 □4. 能进行工具清洁、校准、存放操作 □5. 能进行三不落地操作	15	未完成1项扣3分	□熟练 □不熟练	□熟练 □不熟练	□合格 □不合格
2	专业技能能力	□1. 能正确确认故障现象 □2. 能正确检查驱动电机有无漏液 □3. 能正确清洁驱动电机外部灰尘和油泥 □4. 能正确检查驱动电机插接件状态 □5. 能正确检测驱动电机螺栓紧固状态 □6. 能检查驱动电机绝缘情况 □7. 能检查驱动电机三相绕组绝缘情况 □8. 能规范更换三相绕组	50	未完成1项扣6分	□熟练 □不熟练	□熟练 □不熟练	□合格 □不合格
3	使用工具及设备的能力	□1. 能正确使用故障诊断仪 □2. 能正确使用绝缘测试仪 □3. 能正确使用接地电阻测试仪	10	未完成1项扣3分	□熟练 □不熟练	□熟练 □不熟练	□合格 □不合格
4	资料、信息查询能力	□1. 能正确查询线束插接器端子含义 □2. 能正确使用维修手册查询资料 □3. 能正确记录查询资料章节及页码 □4. 能正确记录所需维修信息	10	未完成1项扣3分，扣分不得超过10分	□熟练 □不熟练	□熟练 □不熟练	□合格 □不合格
5	数据判断和分析能力	□1. 能判断驱动电机外观是否正常 □2. 能判断驱动电机绝缘是否正常 □3. 能判断驱动电机紧固件力矩是否正常 □4. 能判断驱动电机密封是否正常	10	未完成1项扣3分，扣分不得超过10分	□熟练 □不熟练	□熟练 □不熟练	□合格 □不合格
6	表单填写、报告撰写的能力	□1. 字迹清晰 □2. 语句通顺 □3. 无错别字 □4. 无涂改 □5. 无抄袭	5	未完成1项扣1分	□熟练 □不熟练	□熟练 □不熟练	□合格 □不合格

总分：

任务四　电机控制器的检查与维护

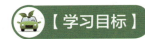【学习目标】

知识目标：

1）掌握电机控制器的作用和位置。

2）掌握电机控制器的工作原理。

3）掌握电机控制器的维护项目。

技能目标：

1）具有对电机控制器进行清洁度、腐蚀、紧固检查的能力。

2）具有对电机控制器接插件进行清洁度、腐蚀、紧固检查的能力。

3）具有对电机控制器进行接地电阻与绝缘电阻检查的能力。

4）具有对电机控制器进行更换的能力。

素养目标：

1）在操作过程中树立高压安全意识。

2）通过制订维护计划，培养学生分析问题和解决问题的能力。

3）能在工作结束后按照 7S 管理规定整理、恢复作业场地，养成良好的工作习惯。

4）以无人驾驶汽车进入道路测试阶段为案例，引导学生讨论驱动电机的控制需要考虑哪些车辆因素，培养学生多角度思考问题的能力。

【任务描述】

你被安排到售后车间新能源汽车的维修岗位，一辆 2018 款吉利 EV450 纯电动汽车被送到店里进行维护，此时你作为维修人员，协助技师按照规范程序，完成对电机控制器的检查与维护，并向客户解释电动汽车定期维护的重要性。

【获取信息】

一、电机控制器的作用

电机控制器安装在前机舱内，采用 CAN 通信控制，控制着动力蓄电池组到驱动电机之间能量的传输，同时采集驱动电机位置信号和三相电流检测信号，精确地控制驱动电机运行，如图 3-11 所示。电机控制器是一个既能将动力蓄电池中的直流电转换为交流电以驱动驱动电机，同时具备将车轮旋转的动能转换为电能（交流电转换为直流电）给动力蓄电池充电的设备。

在车辆制动或滑行阶段，驱动电机作为发电机应用。它可以完成由车轮旋转的动能到电能的转换，给蓄电池充电。DC/DC 变换器集成在电机控制器内部，其功能是将蓄电池的高压电转换成低压电，给整车低压系统供电。

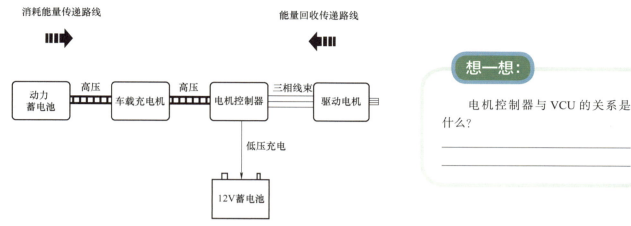

图 3-11 电机控制器功能原理图

想一想：

电机控制器与 VCU 的关系是什么？

二、电机控制器的安装位置

图 3-12 所示为吉利 EV450 电机控制器的安装位置，电机控制器安装在前机舱动力总成上面的二层支架上面。

三、电机控制器的工作原理

1. 电机控制器的结构

电机控制器内部包含 1 个 DC/AC 逆变器和 1 个 DC/DC 交换器，逆变器由 IGBT、直流母线电容、驱动和控制电路板等组成，实现直流（可变的电压、电流）与交流（可变的电压、电流、频率）的转变。DC/DC 变换器由高低压功率器件、变压器、电感、驱动和控制电路板等组成，实现直流高压向直流低压的能量传递。电机控制器还包含冷却器（通过冷却液）给电子功率器件散热。

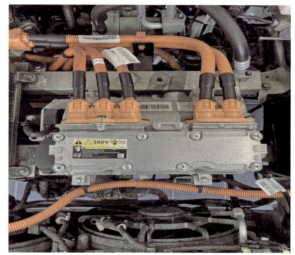

图 3-12 吉利 EV450 电机控制器的安装位置

2. 转矩控制模式

电机控制系统控制电机轴向四象限的转矩。由于没有转矩传感器，转矩指令（由 VCU 发送）被转换成为电流指令，并进行闭环控制。转矩控制模式只有在获得正确的初始偏移角度时才能进行。

头脑风暴：

随着技术的发展，电动汽车"四合一"模块集合了哪些组件？

3. 静态模式

静态模式在电机控制器（PEU）处于被动状态（待机状态）或故障状态时被激活。

4. 主动放电模式

主动放电用于高压直流端电容的快速放电。主动放电指令来自 VCU 的指令或由电机控制器内部故障触发。

5. DC/DC 直流变换

电机控制器中的 DC/DC 变换器将高压直流端的高压转换成指定的直流低压（12V 低压系统），低压设定值来自 VCU 指令。

6. 系统诊断功能

当故障发生时，软件根据故障级别使电机控制器进入安全状态或限制状态。安全状态包括主动短路或 Freewheel 模式，限制状态包括 4 个级别的功率/转矩输出限制。电机控制器软件中提供基于 ISO-14229 标准的诊断通信功能。

四、电机控制器的工作原理图

吉利 EV450 电机控制器的工作原理图如图 3-13 所示。

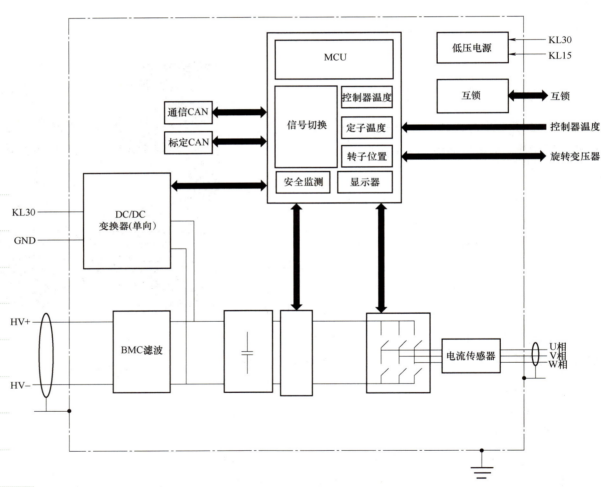

图 3-13 吉利 EV450 电机控制器的工作原理图

> **时事热点讨论：**

2021 年 2 月 5 日，北京智能车联产业创新中心发布了《北京自动驾驶路测报告（2020）》。报告统计了 2020 年该中心的自动驾驶车辆测试情况，全面展现了北京市在自动驾驶领域的测试场景和测试数据。

项目三 整车常规维护与小总成更换

截至2020年年底，北京市已累计开放4个区县的自动驾驶测试道路，共计200条、699.58km；开放2个自动驾驶测试区域，面积约为140km²；开放全国首个车联网（智能网联汽车）和自动驾驶地图应用试点区域；累计为14家自动驾驶企业87辆汽车发放一般性道路测试牌照，测试里程超过200万km，测试过程安全可控，未对其他交通参与者产生不良影响。

2020年，共计有14家企业的73辆汽车参与北京市自动驾驶车辆一般性道路测试。其中，百度43辆汽车获批允许开展载人第三阶段测试，5辆汽车获批开展无人化第一阶段测试，测试里程达112万km。小马智行5辆汽车获批允许开展载人第一阶段测试。

百度Apollo（阿波罗）自动驾驶平台已经在该领域进行了多年研发。2020年10月，百度Apollo的Robotaxi自动驾驶出租车在北京亦庄、海淀、顺义三地向市民载人测试运营，此后在长沙、沧州开放体验。这款车具备L4自动驾驶级别，搭载激光雷达+毫米波雷达+相机+超声波雷达的融合方案，保证了复杂环境下的感知能力。

无人驾驶汽车需要考虑道路的实时情况对车辆进行有效控制，新能源汽车驱动电机的控制需要考虑哪些车辆因素？

_____
_____
_____

电机控制器的检查与维护	学习任务单	班级：
		姓名：

1. 电机控制器主要靠_____、_____、_____来进行驱动电机运行状态的监测，根据相应_____进行_____、_____的调整控制以及其他控制功能的完成。

2. _____用以检测驱动电机转子位置，经过电机控制器内_____解码后，可获知驱动电机当前转子位置，从而控制相应的IGBT功率管导通，按顺序给_____3个线圈通电，驱动电机旋转。

3. _____通过驾驶人意愿驱动电机的工作状态：_____、_____、_____来了解它的工作过程。

4. 简述电机控制器系统诊断内容。

5. 简述制动能量回馈的原则。

【任务实施】 检查与维护电机控制器

【实训器材】

吉利EV450纯电动汽车、绝缘防护装备、常用工具和维修手册等。

扫一扫

电机控制器的检查

【作业准备】
检查举升机,将车辆在工位停放周正,铺好车内和车外护套。

【操作步骤】

一、检查与维护前的准备工作及注意事项

1) 准备检查与维护电机控制器前,应关闭起动开关,拔下钥匙。
2) 拆下辅助蓄电池负极连接,断开整车低压控制电源。
3) 拔下动力蓄电池维修开关。
4) 当车辆举升到需要的高度时,举升机要锁止安全锁。
5) 拆下动力蓄电池总正、总负和低压线束插头。

二、检查与清洁电机控制器

操作示意图	操作方法	操作标准
	检查电机控制器表面清洁程度	电机控制器表面无油液污渍
	检查电机控制器外观	电机控制器外观无磕碰、无变形或损坏,并使用压缩空气或干布对电机控制器的外观进行清洁

(续)

操作示意图	操作方法	操作标准
	检查电机控制器端子电压及高低压插接件	电机控制器高低压插接件连接到位，无退针现象，无触点烧蚀的情况

三、检查电机控制器的绝缘情况

电机控制器在常规检查时必须检查其绝缘性，只有其绝缘性能符合标准要求，电机控制器才能安全使用。检查电机控制器绝缘情况的具体操作步骤如下：

1）查看驱动电机铭牌，根据驱动电机的额定电压选择合适的绝缘表。

2）检查绝缘表的好坏，选择合适的绝缘表档位，黑色导线接绝缘表"com"接线柱，红色导线接绝缘表"V"或"绝缘"接线柱。

3）测量驱动电机搭铁绝缘。将绝缘表黑表笔搭铁，红表笔分别测量电机控制器三相交流电端子U、V、W，U相、V相、W相的搭铁绝缘值应大于或等于550MΩ。

四、测量电机控制器接地电阻

电机控制器在常规检查时必须检查其接地电阻，只有其接地电阻符合标准要求，电机控制器才能安全使用。检查电机控制器接地电阻情况的具体操作步骤如下：

1）操作起动开关使电源模式置于OFF状态。

2）断开电机控制器线束插接器 BV11。

3）用万用表测量电机控制器线束插接器 BV11 端子 1、11 和车身接地之间的电阻，标准电阻：小于 0.1Ω。

操作示意图	操作方法	操作标准
	接地电阻测量：将万用表打开到电阻档，将红色表笔接到测量端子，将黑色表笔接到车身搭铁，即可读取直流电压数值	表笔需要和被测物体接触牢固，待读数稳定后进行读数

五、更换电机控制器

1）打开前机舱盖。

2）断开辅助蓄电池负极电缆连接。

3）断开车载充电机处直流母线。

4）拆卸电机控制器上盖。拆卸电机控制器上盖 8 个螺栓，取下电机控制器上盖。

5）拆卸电机控制器。

a. 拆卸驱动电机三相线束插接器（电机控制器侧）3 个固定螺栓 1。

b. 拆卸驱动电机三相线束端子（电机控制器侧）3 个固定螺栓 2，脱开三相线束。

c. 拆卸电机控制器高压线线束插接器（电机控制器侧）2 个固定螺栓 3。

d. 拆卸电机控制器高压线线束端子（电机控制器侧）2 个固定螺栓 4，脱开线束。

e. 取下电机控制器搭铁防尘盖。

f. 断开电机控制器线束插头。

g. 拆卸电机控制器 2 根搭铁线束的固定螺母，脱开搭铁线束。

h. 脱开电机控制器进水管。

i. 脱开电机控制器出水管。

j. 拆卸电机控制器 4 个固定螺栓，取下电机控制器总成。

操作示意图	操作方法	操作标准
	拆卸电机控制器上盖螺栓	采用棘轮扳手进行拆装；规定力矩：7~9N·m

项目三　整车常规维护与小总成更换

（续）

操作示意图	操作方法	操作标准
	拆卸电机控制器高压连接线束	采用棘轮扳手进行拆装；规定力矩：6.5~7.5N·m

> **小提示：**
> 电机控制器故障诊断需要整车起动开关处于 ON 档下执行诊断程序，若非电机控制器内部原因导致故障，则更换其他系统备件。若更换完成后故障反复出现，建议更换电机控制器。

检查与维护电机控制器	工作任务单	班级： 姓名：

1. 车辆信息记录

品牌		整车型号		生产日期	
驱动电机型号		蓄电池电量		行驶里程	
车辆识别代号					

2. 作业场地准备

检查设置隔离栏	□是　□否
检查设置安全警示牌	□是　□否
检查灭火器压力、有效期	□是　□否
安装车辆挡块	□是　□否

3. 记录故障现象

4. 使用故障诊断仪读取故障码、数据流

故障码	
数据流	

79

（续）

5. 根据车辆实际情况现象制订电机控制器维护方案

6. 维护项目具体操作

维护项目	检测目的	操作方法	工具	结果判断

7. 故障确认

故障点	故障类型	维修措施

8. 竣工检验

车辆是否正常上电	□是 □否
驱动电机运转数据流有无错误	□是 □否

9. 作业场地恢复

拆卸车内三件套	□是 □否
拆卸翼子板布	□是 □否
将高压警示牌等放至原位置	□是 □否
清洁、整理场地	□是 □否

电机控制器的检查与维护			实习日期：		
姓名：		班级：	学号：		教师签名：
自评：□熟练 □不熟练		互评：□熟练 □不熟练	师评：□合格 □不合格		
日期：		日期：	日期：		

检查与维护电机控制器【评分细则】						
序号	评分项	得分条件	分值	评分要求	自评	互评	师评
1	安全/7S/态度	□1. 能进行工位 7S 操作 □2. 能进行设备和工具安全检查 □3. 能进行车辆安全防护操作 □4. 能进行工具清洁、校准、存放操作 □5. 能进行三不落地操作	15	未完成1项扣3分	□熟练 □不熟练	□熟练 □不熟练	□合格 □不合格
2	专业技能能力	□1. 能正确确认故障现象 □2. 能正确检查电机控制器有无漏液 □3. 能正确清洁电机控制器外部灰尘和油污 □4. 能正确检查电机控制器插接件状态 □5. 能正确检测电机控制器螺栓紧固状态 □6. 能检查电机控制器绝缘情况 □7. 能检查驱动电机接地电阻情况 □8. 能规范更换电机控制器	50	未完成1项扣6分	□熟练 □不熟练	□熟练 □不熟练	□合格 □不合格
3	使用工具及设备的能力	□1. 能正确使用故障诊断仪 □2. 能正确使用绝缘测试仪 □3. 能正确使用接地电阻测试仪	10	未完成1项扣3分	□熟练 □不熟练	□熟练 □不熟练	□合格 □不合格
4	资料、信息查询能力	□1. 能正确查询线束插接器端子含义 □2. 能正确使用维修手册查询资料 □3. 能正确记录查询资料章节及页码 □4. 能正确记录所需维修信息	10	未完成1项扣3分，扣分不得超过10分	□熟练 □不熟练	□熟练 □不熟练	□合格 □不合格
5	数据判断和分析能力	□1. 能判断电机控制器外观是否正常 □2. 能判断电机控制器绝缘是否正常 □3. 能判断电机控制器紧固件力矩是否正常 □4. 能判断电机控制器密封是否正常	10	未完成1项扣3分，扣分不得超过10分	□熟练 □不熟练	□熟练 □不熟练	□合格 □不合格
6	表单填写、报告撰写的能力	□1. 字迹清晰 □2. 语句通顺 □3. 无错别字 □4. 无涂改 □5. 无抄袭	5	未完成1项扣1分	□熟练 □不熟练	□熟练 □不熟练	□合格 □不合格

总分：

新能源汽车维护

任务五　动力蓄电池的维护与小总成更换

【学习目标】

知识目标：
1）掌握动力蓄电池的作用和安装位置。
2）掌握动力蓄电池的类型、结构、工作原理以及应用。
3）掌握动力蓄电池组内部组成部件及功能。
4）掌握动力蓄电池的温度控制方式及原理。
5）掌握理解动力蓄电池性能指标。

技能目标：
1）具有安全、规范地对动力蓄电池进行就车检查的能力。
2）具有按照规范完成新能源汽车高压断电操作的能力。
3）具有进行动力蓄电池总成拆卸与安装的能力。
4）具有进行新能源汽车动力蓄电池分解与组装的能力。

素养目标：
1）制订工作计划，养成独立完成工作任务的习惯。
2）在工作过程中，与小组其他成员合作，培养团队合作和安全操作的意识。
3）养成服从管理、规范作业的良好工作习惯。
4）以拆装动力蓄电池的实际案例，培养学生养成安全工作的意识。

【任务描述】

客户的新能源汽车无法正常行驶，被拖进4S店进行维修。经过故障诊断后，判断该车动力蓄电池存在故障。你知道应该如何安全、规范地对动力蓄电池进行拆解检测吗？

【获取信息】

一、动力蓄电池的作用

动力蓄电池的作用是接收和储存由车载充电机、发电机、制动能量回收装置或外置充电装置提供的电能，并且为驱动电机和其他高压用电设备提供电能，如图3-14所示。

新能源汽车的动力蓄电池相当于传统燃油汽车的燃油箱，是新能源汽车的动力源，是能量的储存装置，同时是制约新能源汽车尤其是电动汽车发展的关键因素。目前，要使新能源汽车具有竞争力，就要开发出比能量高、比功率高、使用寿命长、成本低的高效节能蓄电池。

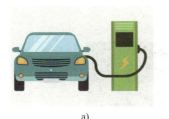  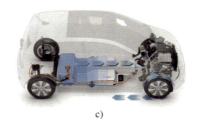

a)　　　　　　　　　　b)　　　　　　　　　　c)

图 3-14　动力蓄电池的作用

a）动力蓄电池充电　b）动力蓄电池储存制动能量回收系统产生的电能
c）动力蓄电池向驱动电机等高压用电设备供电

动力蓄电池是纯电动汽车的核心部件，也是新能源汽车上价格最高的部件之一。动力蓄电池的性能好坏直接决定了这辆车的实际价值。动力蓄电池一旦失效，车辆就会处于瘫痪状态。动力蓄电池属于高压安全部件，内部机构复杂，工作时需要很苛刻的条件，任何异常因素都将导致动力被切断，因此对动力蓄电池进行诊断与测试的人员必须经过严格的培训后才能对动力蓄电池进行各项作业。

想一想：

新能源汽车有了高压动力蓄电池，还需要传统的 12V 铅酸蓄电池吗？

二、动力蓄电池的安装位置

动力蓄电池应放在清洁、阴凉、通风、干燥的地方并避免受到阳光直射，远离热源。动力蓄电池应当水平安装放置，不可倾斜。其具体安装位置如图 3-14 所示。

纯电动汽车的动力蓄电池体积较大，一般位于前地板下面（前、后轴之间，驾驶舱正下方），安装在此位置可以获得较高碰撞安全性，且降低车辆重心，提高车辆操控性，有利于整车轴荷分配，进而有利于提高整车驾乘体验和舒适性。图 3-15 所示为北汽 EV160 纯电动汽车动力蓄电池的安装位置。混合动力电动汽车的动力蓄电池个体较小，可安装在行李舱和后排座椅的下方或之间。图 3-16 所示为普锐斯动力蓄电池的安装位置及外观。

动力蓄电池安装在这些地方，不但使拆装操作更加简单，避免了动力蓄电池安装分散，减少动力蓄电池之间高压连接线束的使用，避免了电路连接过多的问题，而且节约了成本。

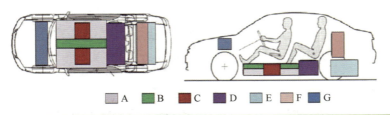

■ A ■ B ■ C ■ D ■ E ■ F ■ G

区域代码	布置位置	重心匹配	碰撞安全	离地间隙	储存能量	拆装性能	推荐指数
A	布置在前地板下面	★★★★★	★★★★	★	★★★★★	★★★★	★★★★
B	布置在中通道内	★★★★★	★★★★★	★★	★	★★★	★★★
C&D	布置在前后座椅底下	★★★	★★★★★	★★	★★★★	★	★★★
E	布置在行李舱地板下面	★	★	★	★★	★	★
F	布置在行李舱内	★	★	★★★	★★★★	★	★
G	布置在前舱	★	★	★★★	★★	★	★

图 3-15　北汽 EV160 纯电动汽车动力蓄电池的安装位置

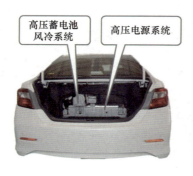
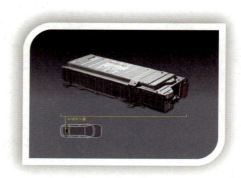

图 3-16 普锐斯动力蓄电池的安装位置及外观

三、新能源汽车常用的动力蓄电池类型、结构、工作原理及应用

动力蓄电池是电动汽车的主要能量来源,新能源汽车上使用的动力蓄电池种类繁多,外形差别较大,目前最常见的 3 种动力蓄电池分别是铅酸蓄电池、镍氢蓄电池和锂离子蓄电池。铅酸蓄电池技术的发展带来了 20 世纪初第一次电动汽车的研发和应用高潮,20 世纪 80 年代,镍氢蓄电池技术的突破带来了混合动力电动汽车的产业化,20 世纪 90 年代出现的锂离子动力蓄电池带来了现在以纯电驱动为主的电动汽车研发和示范应用新纪元。锂离子蓄电池具有容量高、比能量高、循环寿命长、无记忆效应等优点,因而成为当前电动汽车动力蓄电池技术研究开发的主要方向。3 种常见的动力蓄电池优缺点及应用如图 3-17 所示。

1. 铅酸蓄电池

铅酸蓄电池主要由正极板、负极板、隔板和电解液等部分组成,其结构如图 3-18 所示。

镍氢蓄电池
优点:安全、可靠
缺点:能量密度低
应用:混合动力车型为主

锂离子蓄电池
优点:容量密度大
缺点:成本高
应用:主流电动汽车

铅酸蓄电池
优点:便宜、可靠
缺点:能量密度低
应用:早期电动车型

图 3-17　3 种常见的动力蓄电池优缺点及应用

图 3-18　铅酸蓄电池的结构

正、负极板是蓄电池的核心部分,正、负极板做成栅架(网架)形式,上面附满活性物质。蓄电池的充电和放电，就是靠正、负极板上活性物质与硫酸溶液的化学反应来实现的。

隔板的作用是把正、负极板隔开，防止正、负极板互相接触造成短路；保证电解液中正、负离子顺利通过；延缓正、负极板活性物质的脱落，防止正、负极板因振动而损伤。

电解液是铅酸蓄电池内部发生化学反应的主要物质。铅酸蓄电池的电解液是用纯净硫酸和蒸馏水按一定比例配制而成的。电解液的纯度和密度对蓄电池的容量和使用寿命有重要影响。

铅酸蓄电池的充电指的是将电能回充到蓄电池中。充电过程中将电能转化为化学能。放电指的是从蓄电池中提取电能。放电过程中将化学能转化为电能。

铅酸蓄电池发明100多年来，广泛应用于人类生产和生活的各个方面，作为起动、点火、照明用蓄电池，主要用于汽车、摩托车、内燃机车和电力机车；作为工业用铅酸蓄电池，主要用于邮电、通信、发电厂和变电所开关控制设备以及计算机备用电源等；阀控密封式铅酸蓄电池可用于应急灯、UPS、电信、广电、铁路和航标等；作为动力蓄电池，主要用于电动汽车、电动叉车等。

> **头脑风暴：**
>
> 正、负极板上的活性物质是一样的吗？各包含了什么成分呢？
> ＿＿＿＿＿＿＿＿＿＿＿＿＿＿
> ＿＿＿＿＿＿＿＿＿＿＿＿＿＿

> **小提示：**
>
> 电解液中硫酸密度大，可增强化学反应，提高电动势，在冬季还可避免电解液冻结。但密度过大，会使极板腐蚀作用加快，缩短极板与隔板的使用寿命。电解液的比重一般为1.24~1.28（20℃）。气温高的地区或季节，应采用较小密度的电解液；气温低的地区或季节，应采用较大密度的电解液。

2. 镍氢蓄电池

镍氢蓄电池是一种性能良好的蓄电池，具有高能量、长使用寿命、无记忆效应、无污染的特点，因此被称为"绿色电池"。镍氢蓄电池根据形状可分为方形镍氢蓄电池和圆形镍氢蓄电池。图3-19所示为常用混合动力汽车镍氢蓄电池的形状。

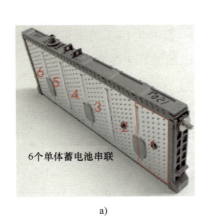
a)

b)

图3-19 常用混合动力汽车镍氢蓄电池的形状
a) 丰田混合动力车型使用的镍氢蓄电池　b) 本田混合动力车型使用的镍氢蓄电池

镍氢蓄电池由氢氧化镍正极、储氢合金负极、隔膜纸、电解液、钢壳、顶盖和密封圈等组成。在圆柱形蓄电池中，正、负极用隔膜纸分开卷绕在一起，然后密封在钢壳中，其具体结构如图3-20所示。在方形蓄电池中，正、负极由隔膜纸分开后叠成层状密封在钢壳中。

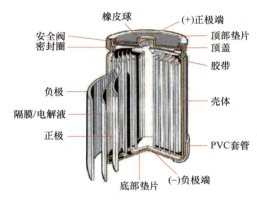

图 3-20 混合动力汽车用圆柱形镍氢蓄电池的结构

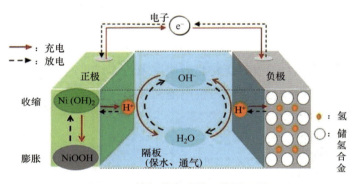

图 3-21 镍氢蓄电池的工作原理图

镍氢蓄电池的工作原理是：充电时，正极的 Ni(OH)$_2$ 和 OH$^-$ 反应生成 NiOOH 和 H$_2$O，同时释放出 e$^-$ 一起生成 MH 和 OH$^-$，总反应是 Ni(OH)$_2$ 和 M 生成 NiOOH，储氢合金储氢；放电时，与此相反，MHab 释放 H$^+$，H$^+$ 和 OH$^-$ 生成 H$_2$O 和 e$^-$，NiOOH、H$_2$O 和 e$^-$ 重新生成 Ni(OH)$_2$ 和 OH$^-$，如图 3-21 所示。

目前，市场上镍氢蓄电池主要运用在混合动力车型上。表 3-10 所示为常见混合动力车型使用的镍氢蓄电池的具体性能。

表 3-10 镍氢蓄电池的具体性能

车型	蓄电池类型	单体蓄电池个数/只	标称电压/V	标称容量/(A·h)	比功率/(W/kg)
普锐斯一代	圆柱形	240	288.0	6.0	>1100
普锐斯二代	塑料方形	228	273.6	6.5	>1200
普锐斯三代	塑料方形	168	201.6	6.5	>1200
思域	圆柱形	120	144.0	6.5	>1100
长安志翔	圆柱形	120	144.0	6.0	—
福特	圆柱形	250	300.0	6.5	>1100

3. 锂离子蓄电池

锂电池（Lithium Battery）是指电化学体系中含有锂（包括金属锂、锂合金和锂离子、锂聚合物）的蓄电池。

根据锂离子蓄电池所用电解质材料的不同，锂离子蓄电池可以分为液态锂离子蓄电池（Lithium Ion Battery，LIB）和聚合物锂离子蓄电池（Polymer Lithium Ion Battery，LIP）两大类。液态锂离子蓄电池使用的是液体电解质，而聚合物锂离子蓄电池则以聚合物电解质来代替。液态锂离子蓄电池和聚合物锂离子蓄电池所用的正、负极材料都是相同的，其工作原理也基本一致。

根据锂离子蓄电池形状的不同，锂离子蓄电池可分为软包蓄电池、方形蓄电池和圆柱形蓄电池。不同形状锂离子蓄电池的优缺点见表3-11。

表3-11 不同形状锂离子蓄电池的优缺点

	软包蓄电池	方形蓄电池	圆柱形蓄电池
优势	比能量高 成本有优势	集成方便 易于平台化	规模产品 价格优势
劣势	不易集成 效率低	成本相对较高	集成难度大，效率低，管理系统复杂

按照锂离子蓄电池正极材料的不同可将其分为钴酸锂离子蓄电池、锰酸锂离子蓄电池、三元锂离子蓄电池和磷酸铁锂离子蓄电池。三元材料锂离子蓄电池以其能量密度高、安全性好等优点在电动汽车上得到了广泛应用。不同类型的锂离子蓄电池对比见表3-12。锂离子综合性能对比如图3-22所示。

表3-12 不同类型的锂离子蓄电池对比

产品类型	应用现状	技术指标	发展方向	优点	缺点
磷酸铁锂	广泛应用于动力蓄电池与储能蓄电池	实际容量为140mA·h/g 能量密度为100W·h/kg	提高能力密度	循环性好，成本低	能量密度低，批次稳定性差
镍钴锰酸锂NCM（三元材料）	在小型低功率电池和大功率动力蓄电池上都有应用	实际容量约为160~180mA·h/g 能量密度为150~200W·h/kg	提高使用安全性	能量密度高	安全性和稳定性不足
锰酸锂	批量应用于中低端锂离子蓄电池	实际容量为140mA·h/g 能量密度为100~110W·h/kg	层状结构的三价锰氧化物$LiMn_2O_4$	锰资源丰富、价格便宜，而且安全性较高，易制备	高温循环性差，能量密度低
钴酸锂	应用非常广泛，适用于小型蓄电池	容量约为140mA·h/g 能量密度为150~160W·h/kg	降低成本，提高循环次数	能量密度较高	价格高，抗过充电性较差，使用寿命较短

锂离子蓄电池由正极材料、负极材料、电解液、隔膜和导电材料等组成。其中，正、负极材料的选择和质量直接决定锂离子蓄电池的性能与价格。锂离子蓄电池正极材料一般都是锂的氧化物，应用比较多的有钴酸锂、镍酸锂、锰酸锂和磷酸铁锂等。负极材料一般选用活性物质，石墨或近似石墨结构的碳。隔膜只允许锂离子（Li^+）往返通过，阻止电子（e^-）通过，在正、负极之间起到绝缘的作用。其具体结构如图3-23所示。

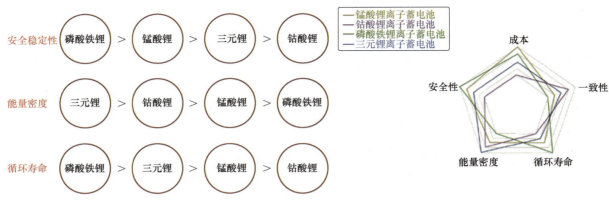

图 3-22 锂离子综合性能对比

图 3-23 典型锂离子蓄电池的结构
a) 圆形锂离子蓄电池　b) 方形锂离子蓄电池

锂离子蓄电池在原理上实际是一种锂离子浓差蓄电池。Li^+ 在正、负电极间的往返嵌入和脱嵌形成蓄电池的充电和放电过程。充电时，Li^+ 从正极脱嵌，经过电解质嵌入负极，负极处于富锂态、正极处于贫锂态，同时电子的补偿电荷从外电路供给到碳负极，保持负极的电平衡。放电时，则相反，Li^+ 从负极脱嵌，经过电解质嵌入正极，正极处于富锂态、负极处于贫锂态。在正常充放电情况下，锂离子在层状结构的碳材料和层状结构氧化物的层间嵌入和脱出，一般只引起层面间距的变化，不破坏晶体结构；在放电过程中，负极材料的化学结构基本不变。因此，从充、放电的可逆性看，锂离子蓄电池反应是一种理想的可逆反应。其具体工作原理如图 3-24 所示。

锂离子蓄电池广泛应用在各个领域。在便携式电器方面的应用：目前移动电话、笔记本电脑、微型摄像机等需要便携式电源都

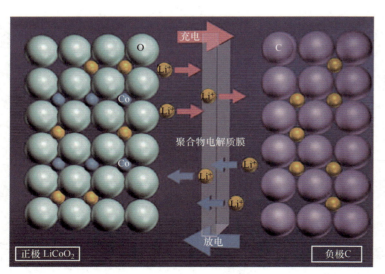

图 3-24 锂离子蓄电池的工作原理

选择了锂离子蓄电池，钴酸锂、锰酸锂离子蓄电池占有主导地位。在交通行业的应用：国内外众多汽车研制和生产企业开发的电动汽车，半数以上车型采用了锂离子蓄电池，并有逐步扩大的趋势，如图 3-25 所示。在军事装备及航空航天事业中的应用：锂离子蓄电池主要用作动力起动电源、无线通信电台电源、微型无人驾驶侦察飞机动力电源等。其他锂离子电池的应用：在医疗、石化和电力行业等均具有广阔的应用前景。

图 3-25　北汽 EV160 采用锂离子蓄电池

四、新能源汽车动力蓄电池组的内部结构及各组件的作用

动力蓄电池组主要由动力蓄电池模组、蓄电池管理系统（BMS）、动力蓄电池箱及辅助元器件等部分组成，具体如图 3-26 所示。

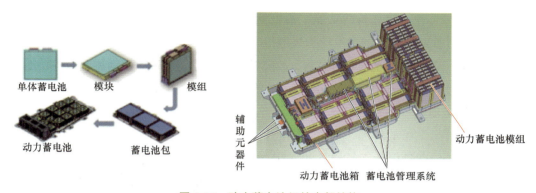

图 3-26　动力蓄电池组的内部结构

1. 动力蓄电池模组

动力蓄电池模组是由若干个电芯（又称为单体蓄电池）通过并联、串联后形成的模块。为达到动力蓄电池电压的要求，需要将多个蓄电池模块进行串联提升电压，形成蓄电池模组。多个蓄电池模组串联成蓄电池包，蓄电池包最终组成动力蓄电池，如图 3-26 所示。

> **小提示：**
>
> （1）单体蓄电池　单体蓄电池指构成动力蓄电池的最小单元，即常说的 1 节电池。
> （2）蓄电池模块　电池模块指一组并联的单体蓄电池组合，该组合的额定电压与单体蓄电池的额定电压相等，是单体蓄电池在物理结构和电路上连接起来的最小分组，可作为一个单元替换。
> （3）电池模组　电池模组是由多个电池模块组成的一个组合体。

例如特斯拉 Model S 动力蓄电池由 16 个蓄电池模组串联而成，并且每个蓄电池模组由 6 个蓄电池模块串联而成，每个蓄电池模块则由 74 节 18650 型三元锂离子蓄电池并联组成，因此整个动力蓄电池由 7104 节 18650 型锂离子蓄电池组成，其具体如图 3-27 所示。

2. 蓄电池管理系统

（1）蓄电池管理系统的作用　蓄电池管理系统是蓄电池保护和管理的核心部件。在动力蓄电池系统中，它的作用就相当于人的大脑，其外形如图3-28所示。它不仅要保证蓄电池安全可靠地使用，而且要充分发挥蓄电池的能力和延长其使用寿命，作为蓄电池和VCU以及驾驶人沟通的桥梁，通过控制接触器控制动力蓄电池组的充放电，并向VCU上报动力蓄电池系统的基本参数及故障信息。

图3-27　特斯拉Model S动力蓄电池　　　　图3-28　蓄电池管理系统

（2）蓄电池管理系统具备的功能　蓄电池管理系统通过电压、电流及温度检测等功能，实现对动力蓄电池系统的过电压、欠电压、过电流、过高温和过低温保护，继电器控制、SOC估算、充放电管理、均衡控制、故障报警及处理、与其他控制器通信等功能；此外，蓄电池管理系统具有高压回路绝缘检测功能，以及为动力蓄电池系统加热功能。

3. 动力蓄电池箱

（1）动力蓄电池箱的作用　动力蓄电池箱具有支撑、固定、包围蓄电池系统组件的作用，其结构如图3-29所示，主要包含上盖和下托盘，还有辅助元器件，如过渡件、护板、螺栓等。动力蓄电池箱有承载及保护动力蓄电池组及电气元件的作用。

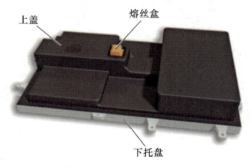

图3-29　动力蓄电池箱的结构

（2）动力蓄电池箱的技术要求　动力蓄电池箱体螺接在车身底板下方，其防护等级为IP67，螺栓拧紧力矩为80~100N·m。整车维护时，需观察蓄电池箱体螺栓是否有松动，蓄电池箱体是否有破损严重变形，密封法兰是否完整，确保动力蓄电池可以正常工作。

（3）动力蓄电池箱的外观要求　动力蓄电池箱体外表面颜色要求为银灰或黑色，亚光；动力蓄电池箱体表面不得有划痕、尖角、毛刺、焊缝及残余油迹等外观缺陷，焊接处必须打磨圆滑。

4. 辅助元器件

辅助元器件主要包括动力蓄电池系统内部的电子电器元件，如熔断器、继电器、分流器、接插件、紧急开关、烟雾传感器等，维修开关以及电子电器元件以外的辅助元器件，如密封条、绝缘材料等。

接触器位于线束和继电器模块内，用于控制高电压的通断。当接触器闭合时，高电压自蓄电池组输出到车辆动力系统，接触器断开后，高电压保存在蓄电池组内。

五、动力蓄电池组的温度控制方式及原理

1. 动力蓄电池温度控制系统的作用及控制方式

动力蓄电池作为电动汽车的动力能源,其在工作中会产生大量的热量,动力蓄电池过热会严重影响其工作性能,例如:40℃以上的高温会明显加速蓄电池的衰老,更高的温度(如120℃以上)则会引发蓄电池热失控。生热因素主要有蓄电池化学反应生热、蓄电池极化生热、过充电副反应生热以及内阻焦耳热4个。另外,动力蓄电池最佳的工作温度为23~24℃,温度并非越低越好,在低温的环境下需要对动力蓄电池进行加热,保持合适的工作温度。由此可见,动力蓄电池的性能与蓄电池温度密切相关。因此,新能源汽车与传统汽车一样,必须采用冷却系统。

2. 动力蓄电池温度控制系统的冷却控制

动力蓄电池温度控制包含冷却和加热两个方面,即在蓄电池温度过高时的有效散热和低温条件下的快速加热。通过对动力蓄电池组冷却或加热,保持动力蓄电池组较佳的工作温度,以改善其运行效率并延长蓄电池组的使用寿命。目前,动力蓄电池的冷却方式主要有风冷和水冷两种模式,如图3-30所示。

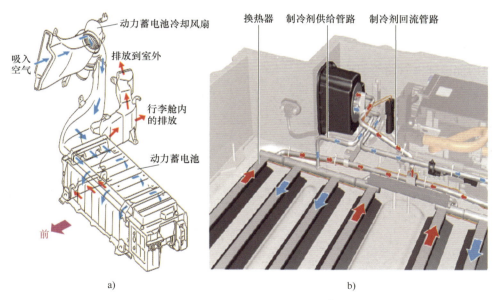

图3-30 动力蓄电池的冷却方式
a)风冷系统(丰田NHW20车型) b)水冷系统(宝马i3车型)

(1)动力蓄电池的风冷方式 混合动力汽车动力蓄电池采用风冷式冷却系统,其主要由冷却风扇和冷却通风导管组成。冷却系统进风口在后排座椅下方,蓄电池控制模块使用4个传感器探测蓄电池温度,还有2个传感器探测空气温度,根据温度信号以及风扇转速信号,控制模块通过PWM(脉冲宽度调制)信号来调节风扇转速。蓄电池组工作温度超出正常范围时,系统起动蓄电池冷却风扇,利用冷却风扇从后排座椅下方的进风口将空气送入动力蓄电池箱体内,从而进行冷却。其结构及工作过程如图3-31所示。

冷却空气在动力蓄电池模块中的流动有串行通风和并行通风两种方式。在串行通风模式下,冷空气从左侧吹入,从右侧吹出。空气在流动过程中不断地被加热,所以右侧的冷

却效果比左侧要差，蓄电池箱内蓄电池组的温度从左到右依次升高，目前该通风模式逐步面临淘汰。并行通风方式可以使空气流量在蓄电池模块间更均匀地分布，需要对进排气通道、蓄电池布置位置进行很好的设计。其楔形的进、排气通道使不同模块间缝隙上、下的压力差基本保持一致，确保吹过不同蓄电池模块空气流量的一致性，从而保证了蓄电池组温度场分布的一致性，因此得到了广泛应用。风冷的通风示意图如图 3-32 所示。

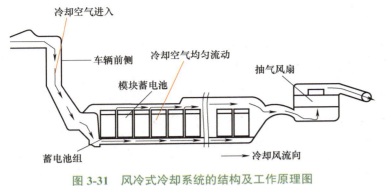

图 3-31 风冷式冷却系统的结构及工作原理图

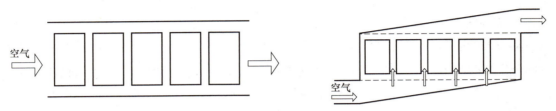

图 3-32 风冷的串行和并行通风示意图

（2）动力蓄电池的水冷方式　水冷式动力蓄电池冷却系统的结构如图 3-33 所示，其主要由电动冷却液泵、冷却液制冷器、冷却液控制阀、蓄电池组散热器、加热器以及动力蓄电池内部冷却液管路等组成。

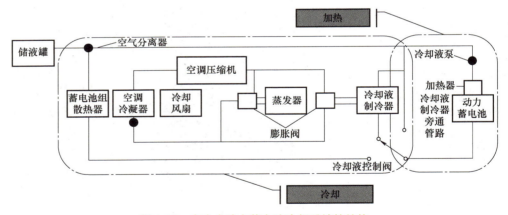

图 3-33 水冷式动力蓄电池冷却系统的结构

当动力蓄电池某个单体蓄电池的温度超过 35℃，蓄电池管理系统通过脉宽调制信号控制电动水泵工作，冷却液控制阀处于图 3-34 所示位置；当动力蓄电池平均温度超过 35℃时，车内空调制冷系统的电动压缩机工作，膨胀阀开通，冷却液与空调制冷剂在冷却液制冷器内进行热交换，强制降低冷却液温度，此时冷却液控制阀的位置如图 3-35 所示。

3. 动力蓄电池温度控制系统的加热控制

动力蓄电池加热控制主要有两种方式，一种是湿式加热，通过 PTC 加热器对冷却液进行加热后，通过冷却液加热动力蓄电池；另一种是干式加热，通过 PTC 加热器直接对动力蓄电池进行加热。

（1）湿式加热　如图 3-36 所示，动力蓄电池温度低时，蓄电池管理系统控制加热器通电开始工作，电动冷却液水泵输送冷却液流过加热器进行加热，再通过冷却液控制阀流入动力蓄电池内部进行加热。

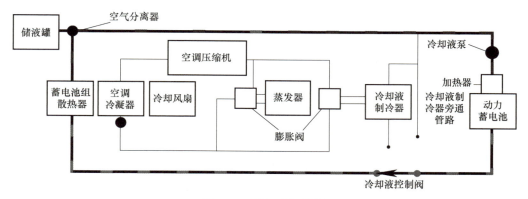

图 3-34　常规冷却控制

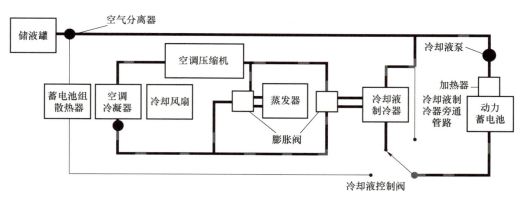

图 3-35　强制冷却控制

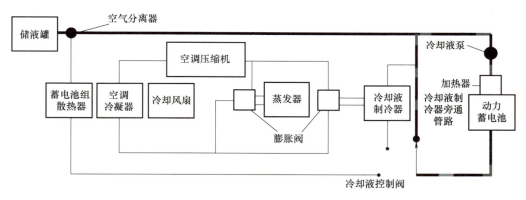

图 3-36　湿式加热控制

（2）干式加热　动力蓄电池的 PTC 加热器工作示意图如图 3-37 所示。当动力蓄电池需要加热时，总正接触器和总负接触器都闭合，PTC 接触器也闭合，电流从动力蓄电池出发经总正接触器后，流经每个 PTC 加热器后，经 PTC 熔断器、PTC 接触器和总负接触器后流回动力蓄电池。

六、动力蓄电池组的性能指标

常见的车用动力蓄电池有铅酸蓄电池、镍氢蓄电池、锂离子蓄电池等。每种蓄电池根据各自技术原理有不同的特性，各种蓄电池在比容量、充放电次数和技术成熟度性能上有差别。典型蓄电池的参数值见表 3-13。

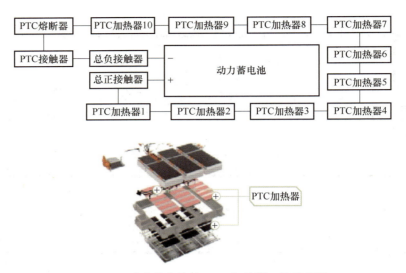

图 3-37　动力蓄电池的 PTC 加热器工作示意图

表 3-13　蓄电池性能指标参数表

蓄电池类型	单体电压/V	比容量/（A·h/kg）	循环次数	技术成熟度	成本
铅酸蓄电池	2.0	50	500	成熟	低
镍氢蓄电池	1.2	80	2000	较成熟	较低
锂离子蓄电池（磷酸铁锂）	3.2	150	2000	较成熟	较高

　　电动汽车用动力蓄电池的主要性能指标包括电压、内阻、容量和比容量、能量以及效率等。要使电动汽车能与传统的燃油汽车相竞争，关键就是要开发出比能量高、比功率大和使用寿命长的高效蓄电池。

小提示：

　　（1）能量与比能量　蓄电池的能量是指在一定的放电制度下，蓄电池所能输出的电能，单位为 W·h。对于电动汽车来说，蓄电池的能量大小直接影响电动汽车的续驶里程。比能量（能量密度）分为质量比能量和体积比能量。质量比能量是指单位质量蓄电池所能输出的能量，单位常用 W·h/kg，也称为质量能量密度。体积比能量是指单位体积蓄电池所能输出的能量，也称为体积能量密度，单位常用 W·h/L。蓄电池质量比能量影响电动汽车的整车质量和续驶里程，而体积比能量影响蓄电池的布置空间。

　　（2）功率与比功率　蓄电池的功率是指蓄电池在一定的放电制度下，单位时间内输出的能量，单位为 W 或 kW。单位质量或单位体积蓄电池输出的功率称为比功率，单位为 W/kg 或 W/L。如果一个蓄电池的比功率较大，则表明在单位时间内，单位质量或单位体积中给出的能量较多，即表示此蓄电池能用较大的电流放电。比功率是评价蓄电池及蓄电池组是否满足电动汽车加速和爬坡能力的重要指标。

　　对于纯电动汽车，其电能储存装置应具有尽可能高的比能量，以保证汽车的续驶里程。对于混合动力汽车，其电能储存装置应具有尽可能高的比功率，以保证汽车的动力性。不同类型蓄电池的比能量和比功率比较见表3-14。

表3-14 不同类型蓄电池的比能量和比功率比较

电池种类	比能量/(W·h/kg)	比功率/(W/kg)
铅酸蓄电池	30~40	300~500
镍氢蓄电池	40~50	500~800
锂离子蓄电池	60~70	500~1500
锂聚合物蓄电池	50	600~1100
飞轮储能器	1~5	50~300
超级电容	2~8	400~4500

动力蓄电池的维护与小总成更换	学习任务单	班级：
		姓名：

1. 动力蓄电池的作用是接收和储存由_____提供的电能，并且为_____提供电能。

2. 纯电动汽车的动力蓄电池一般安装在_____，混合动力电动汽车的动力蓄电池一般安装在_____。

3. 在动力蓄电池的性能指标中，_____影响电动汽车的整车质量和续驶里程，_____影响电动汽车的加速和爬坡能力。

4. 下图是圆柱形锂离子蓄电池的结构图，请填写图中各部分的名称。

5. 目前，对动力蓄电池的冷却方式主要采取_____和_____两种模式，动力蓄电池加热控制主要有两种方式，分别是_____和_____。

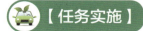 动力蓄电池的维护与小总成更换

【实训器材】

北汽EV200纯电动汽车、故障诊断仪、动力蓄电池举升支架、专用及通用工具、绝

扫一扫

动力蓄电池的拆卸

扫一扫

动力蓄电池的安装

缘防护装备和维修手册等。

【作业准备】

1）对于拆装车辆，设置安全隔离区域，用电工专用1m反光警示带或者安全隔离伸缩围栏设置隔离线，悬挂警示标识，并放置"高压危险，请勿靠近"安全警示牌，如图3-38所示。

2）操作前，检查并戴安全帽、防护眼镜和防护手套，穿防护鞋和防护服等防护用品，并持安全生产监督管理局颁发的有效期内的电工操作证。

3）检查放电工装、绝缘万用表、绝缘工具等设备。

4）实施车辆防护。安装塑料座套、脚垫和护垫等汽车防护用品。

5）检查举升机液压机构是否可靠，自锁机构是否可靠，举升臂垫块是否可靠，高度是否一致。

6）检查动力蓄电池举升车。

7）检测绝缘垫。随机选择5个以上点进行绝缘检测，调整500V档位测试绝缘性。

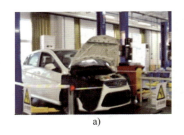 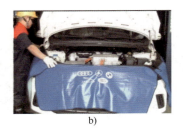 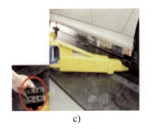

a)　　　　　　　　　　　　b)　　　　　　　　　　　　c)

图3-38　作业前准备

a）设置隔离区域　b）实施车辆防护　c）检查举升机

【操作步骤】

一、确认故障现象

打开起动开关，检查车辆能否正常起动。

二、利用故障诊断仪诊断故障

连接故障诊断仪，读取故障码和数据流。车辆下电后，清除故障码；车辆再次上电后，使用故障诊断仪再次读取故障码，与之前的故障码进行对比，分析故障码的性质，如图3-39所示。

将北汽专用故障诊断仪BDS与车辆OBD接口相连，打开起动开关，进入蓄电池管理系统，即可读取动力蓄电池单体的电压和温度等参数。此时，可以观察最高与最低单体蓄电池的电压差和温度差，尤其是在SOC处于10%左右时，技术人员可以根据单体蓄电池的电压准确地判断出是否有动力蓄电池不均衡现象，并找出哪个单体蓄电池电压异常。

a)

b)

c)

图 3-39　故障诊断

a）故障诊断仪与车辆相连　b）诊断系统主界面　c）动力蓄电池数据流

小提示：

新能源汽车诊断仪器可以进一步确认或缩小故障范围，但仍然存在系统故障码保护等可能性，参考企业工作实际，可进行二次验证操作确保诊断的准确性。

三、故障检查及排除

1. 动力蓄电池的就车检查

1）外观检查。

操作示意图	操作方法	操作标准
	举升车辆，检查动力蓄电池外观	无磕碰、划伤和损坏
	检查动力蓄电池固定螺栓力矩	无松动、脱落［标准力矩为（95±5）N·m］
	检查动力蓄电池高、低压插接件	无变形、松脱、过热和损坏

2）动力蓄电池高压线缆正极端和负极端电流的检测。

操作示意图	操作方法	操作标准
	电流钳钳住动力蓄电池高压线缆正极线束或负极线束	确保牢固、夹紧
	踩住制动踏板	一直踩住
	打开起动开关	钥匙位于 ON 位置
	挂入 D 位	准确入档
	踩下加速踏板	缓慢踩下
	观察电流钳数值变化，并做好记录	正极端电流在 255~0.1A 范围内变化，负极端电流在 177.5~0.1A 范围内变化

> **小提示：**
>
> 动力蓄电池高压线缆正极端电流和负极端电流均为直流电。检测时，应该注意电流档位的使用，选择直流档位，具体操作如图 3-40 所示。

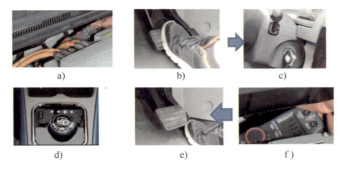

图 3-40　动力蓄电池高压线缆正极端电流的检测操作步骤
a）电流钳钳住高压线缆正极　b）踩住制动踏板　c）打开起动开关
d）挂入 D 位　e）踩下加速踏板　f）读取电流值

3）检查动力蓄电池绝缘电阻。

操作示意图	操作方法	操作标准
	用绝缘万用表 500V 档测量动力蓄电池高压电缆正、负极对车身的绝缘电阻	绝缘电阻应大于或等于 500Ω/V（大部分纯电动汽车其绝缘电阻大于 20MΩ）

2. 动力蓄电池的拆卸

操作示意图	操作方法	操作标准
	选用 10mm 扳手拧松辅助蓄电池负极电缆固定螺栓，取下负极电缆	对负极端子做好防护
	举升车辆	确保举升到合适的高度
	使用棘轮扳手、接杆和 10mm 套筒拆卸护板固定 9 颗螺栓	取出全部固定螺栓后，取下护板

(续)

操作示意图	操作方法	操作标准
	戴好绝缘手套，拆卸动力蓄电池低压控制线束插接器	先逆时针方向旋转外侧自锁扣（注意必须旋转到位完全解锁），再水平方向拔出端子（切忌上下摇动，否则容易形成倒针、折断和变形的现象）
	拆卸动力蓄电池高压线束插接器	防止插接器折断、变形
	将动力蓄电池举升支架推入车辆底部，确保其位于动力蓄电池正下方	防止在拆卸动力蓄电池时，动力蓄电池举升支架随意滑移
	动力蓄电池举升支架调至合适的高度，将动力蓄电池托住	举升支架不能挡住需要拆卸的螺栓
	选用棘轮扳手、接杆和18mm套筒，拆卸动力蓄电池10颗固定螺栓	按照对角交叉、从外到里的原则拆卸
	缓慢降低举升车，将动力蓄电池与车体分离	防止动力蓄电池从举升支架掉落

> **小提示：**
>
> ① 拆卸蓄电池负极电缆前，必须确保起动开关处于关闭状态，并将车钥匙放在口袋中。
> ② 必须等待15min后才可进行下一步操作。

100

四、竣工检验

1）安装 12V 铅酸蓄电池负极端子并紧固。
2）起动车辆,检查车辆功能是否正常。
3）整理、恢复作业场地。

动力蓄电池的维护与小总成更换		工作任务单	班级:	
			姓名:	

1. 车辆信息记录

品牌		整车型号		生产日期	
驱动电机型号		蓄电池电量		行驶里程	
车辆识别代号					

2. 作业场地准备

检查设置隔离栏	□是 □否
检查设置安全警示牌	□是 □否
检查灭火器压力、有效期	□是 □否
安装车辆挡块	□是 □否

3. 记录故障现象

4. 使用故障诊断仪读取故障码、数据流

故障码	
数据流	

5. 写出动力蓄电池的拆装步骤

6. 故障检测

检测对象	检测条件	检测值	标准值	结果判断

7. 故障确认

故障点	故障类型	维修措施

8. 竣工检验

车辆是否正常上电	□是 □否
车辆是否正常切换档位	□是 □否

9. 作业场地恢复

拆卸车内三件套	□是 □否
拆卸翼子板布	□是 □否
将高压警示牌等放至原位置	□是 □否
清洁、整理场地	□是 □否

动力蓄电池的维护与小总成更换			实习日期：			
姓名：		班级：		学号：		教师签名：
自评：□熟练 □不熟练		互评：□熟练 □不熟练		师评：□合格 □不合格		
日期：		日期：		日期：		

动力蓄电池的维护与小总成更换【评分细则】

序号	评分项	得分条件	分值	评分要求	自评	互评	师评
1	安全/7S/态度	□1. 能进行工位 7S 操作 □2. 能进行设备和工具安全检查 □3. 能进行车辆安全防护操作 □4. 能进行工具清洁、校准、存放操作 □5. 能进行三不落地操作	15	未完成1项扣3分	□熟练 □不熟练	□熟练 □不熟练	□合格 □不合格
2	专业技能能力	□1. 能正确确认故障现象 □2. 能规范拆卸动力蓄电池高、低压线束插接器 □3. 能正确测量辅助蓄电池电压 □4. 能正确检测动力蓄电池高压线缆正极端和负极端电流 □5. 能正确检测动力蓄电池绝缘电阻 □6. 能对动力蓄电池进行就车检查 □7. 能规范拆装动力蓄电池 □8. 能规范验证动力蓄电池功能	50	未完成1项扣6分	□熟练 □不熟练	□熟练 □不熟练	□合格 □不合格
3	使用工具及设备的能力	□1. 能正确使用故障诊断仪 □2. 能正确使用绝缘电阻表 □3. 能正确使用动力蓄电池举升支架	10	未完成1项扣3分	□熟练 □不熟练	□熟练 □不熟练	□合格 □不合格
4	资料、信息查询能力	□1. 能正确查询线束插接器端子含义 □2. 能正确使用维修手册查询资料 □3. 能正确记录查询资料章节及页码 □4. 能正确记录所需维修信息	10	未完成1项扣3分，扣分不得超过10分	□熟练 □不熟练	□熟练 □不熟练	□合格 □不合格
5	数据判断和分析能力	□1. 能判断辅助蓄电池电压是否正常 □2. 能判断动力蓄电池高压线缆正极端电流是否正常 □3. 能判断动力蓄电池高压线缆负极端电流是否正常 □4. 能判断动力蓄电池绝缘电阻是否正常	10	未完成1项扣3分，扣分不得超过10分	□熟练 □不熟练	□熟练 □不熟练	□合格 □不合格
6	表单填写、报告撰写的能力	□1. 字迹清晰 □2. 语句通顺 □3. 无错别字 □4. 无涂改 □5. 无抄袭	5	未完成1项扣1分	□熟练 □不熟练	□熟练 □不熟练	□合格 □不合格

总分：

学习情境三

整车底盘系统的维护与小总成更换

电动汽车底盘系统和燃油汽车相比,结构上基本是相同的,由传动系统、制动系统、转向系统和行驶系统组成。两者的传动系统有较大的区别,电动汽车用驱动电机、减速器取代了燃油汽车上的发动机、离合器和变速器,结构大为简化。在制动系统方面,电动汽车普遍具备制动能量回收功能,有些车型还采用了线控制动。

任务一 制动系统的维护与小总成更换

【学习目标】

知识目标:

1) 掌握制动系统的工作原理。
2) 掌握制动系统维护与小总成更换流程。

技能目标:

1) 具有进行高压安全防护与标准断电的能力。
2) 具有进行制动液的检查、添加、更换与排气操作的能力。
3) 具有进行制动系统组件及其管路清洁度、腐蚀、紧固、自由行程检查的能力。
4) 具有进行制动盘、制动摩擦片的测量与更换的能力。
5) 具有进行驻车制动器的检查和调整的能力。

素养目标:

1) 在操作过程中树立高压安全意识。
2) 通过制订制动系统维护和小总成更换流程,培养学生分析问题和解决问题的能力。
3) 能在工作结束后按照7S管理规定整理、恢复作业场地,养成良好的工作习惯。
4) 以特斯拉制动失效案例引导学生讨论,培养学生安全用车、平安出行的意识。

【任务描述】

一辆 2018 款吉利 EV450 纯电动汽车，行驶里程为 30000km，去 4S 店进行常规维护。根据维修手册的规定，需对汽车制动系统进行常规维护。请根据维修手册及相关资料，完成制动系统的维护和小总成的更换。

【获取信息】

一、制动液的基础知识

制动液是液压制动系统中传递制动压力的液态介质，使用在采用液压制动系统的车辆中。制动液将制动总泵输出的压力传递至制动分泵。

1. 制动液的类型

（1）蓖麻油—醇型　蓖麻油—醇型制动液由精制的蓖麻油和低碳醇（乙醇或丁醇）按一定比例调配而成，外观为无色或浅黄色清澈透明的液体。蓖麻油加乙醇为醇型 1 号，蓖麻油加丁醇为醇型 3 号。醇型制动液的优点是原料容易得到、合成工艺简单、产品润滑性好；缺点是沸点低、低温时性能不稳定。

（2）合成型　合成型制动液用醚、醇、酯等掺入润滑、抗氧化、防锈、抗橡胶溶胀等添加剂制成。合成型制动液具有凝点低、沸点高、不易产生气阻、不易腐蚀金属及橡胶等优点，是目前汽车上使用最为广泛的一种制动液。合成型制动液分为醇醚型、酯型和硅油型 3 种，其中使用最多的是醇醚型和酯型。

（3）矿油型　矿油型制动液用精制的轻柴油馏分加入稠化剂和其他添加剂制成。矿油型制动液的优点是高温不易汽化，低温流动性好，对金属无腐蚀作用，缺点是溶水性差，而且容易使普通橡胶膨胀。

2. 制动液的标号

目前，国际上通用的制动液标准是由美国交通运输部制定的，将质量等级分为 DOT3、DOT4、DOT5.1 和 DOT5 4 种，数字越大代表质量越高，见表 3-15。我国国家标准 GB 12981—2012 将制动液分为 HZY3、HZY4、HZY5 和 HZY6 4 个级别。其中，HZY3 和 HZY4 分别对应于 DOT3 和 DOT4 标准，DOT4 制动液是目前家用汽车上最常用的制动液。HZY5 和 HZY6 对应于 DOT5.1 标准，仅用于有特殊要求的车辆，应用较少。

> 想一想：
> 制动液的工作环境如何？制动液和汽车上哪些金属零部件和橡胶件接触？

表 3-15　制动液标号和参数

制动液标号	干沸点 /℃	湿沸点 /℃
DOT3	205	140
DOT4	230	155
DOT5.1	270	190
DOT5	260	180

制动液质量标号在汽车的制动液罐密封盖上,如图3-41所示。

图3-41 汽车制动液罐密封盖

头脑风暴:

DOT标准的意义是什么?为什么在汽车上普遍采用DOT标号?
_____
_____
_____
_____

时事热点讨论:

近年来,我国每年都发生近20万起交通事故,造成大量人员伤亡和财产损失。自2020年年初以来,特斯拉"制动失控门"成了舆论的焦点,人们在好奇故障原因的同时,对于汽车制动系统的重要性有了更深的认识。据统计,我国交通事故中因为制动失灵造成的事故就占到了30%左右。其实,养成及时规范维护汽车的习惯,就可能避免这些惨剧的发生。

我国的交通事故发生率跟西方发达国家相比还有较大差距,为了降低交通事故的发生率,在使用和维护汽车时应该采取哪些好的做法?该规避哪些错误做法和不良习惯?
_____
_____
_____

二、制动液的特性

1. 优良制动液的标准

(1)**沸点高,蒸发性低** 制动液沸点应不低于205℃。当汽车长时间行驶、在高速或下坡行驶时,温度会超过100℃。制动液温度随着制动蹄片温度升高而升高,若制动液沸点不够高,制动液汽化,产生气泡,踩制动踏板发软,不能立即达到制动的目的,就不能保证行车的安全性。

(2)**金属防锈性好** 一般制动液的腐蚀性较强,但优质制动液对各类金属的腐蚀性大大降低,可延长制动液泵的使用寿命。若加了劣质制动液就可能会快速腐蚀金属,对行车造成危害。

(3)**低温流动性好** 在严寒时使用优质制动液制动依然稳定可靠。劣质制动液低温性能差,凝固点高,低于-20℃气温就会有凝固的现象发生,大大影响行车安全。

(4)**不腐蚀橡胶** 优质制动液使用后,极少发生橡胶碗严重膨胀变形的现象。若使用劣质制动液,橡胶碗容易膨胀变形导致车辆漏油,制动时容易造成事故。标准制动液膨胀率一般在0.1%~5%范围内。

(5)**长期使用无沉淀物** 制动液长期在高温状态下使用,质量不稳定就会发生热分解,产生沉淀物,同样影响制动性能。

2. 制动液的使用注意事项

(1)**禁止不同种类制动液混合使用** 当不同种类制动液混合在一起时,会造成制动液沸点降低，与劣质制动液混合时尤其明显，在低温时制动时会明显失效，制动液凝固并且腐蚀制动液泵及橡胶件，使制动橡胶碗老化变质、回油阀密封不严、制动总泵或分泵活塞与缸壁磨损，造成间隙过大。这破坏了优质制动液的各种优良性能，易产生行车危险。

（2）合理预防制动液气阻现象　在正常行驶过程中，会有制动越来越软，制动液液位正常，但制动效能明显降低的现象发生，这就是制动液产生气泡形成气阻的现象。

避免制动液气阻现象的方法如下：

① 尽量使用优质制动液。因为优质制动液抗气阻性能强，普通制动液沸点低。一般家用轿车建议使用 DOT4 合成型制动液，因其高温使用不易产生气阻，低温使用不易凝固，能较好地保证制动系统的可靠性。

② 避免高速行车频繁使用制动。遇有情况提前缓慢制动，即点刹减速，不到不得已不要采取紧急制动。若感到制动不灵敏时，应立即停车检查。

③ 定期检查并更换制动液。汽车制动液在使用前必须进行检查，若发现有白色沉淀，应过滤杂质后再用。新旧制动液外观对比图如图 3-42 所示。

④ 酷热夏季长时间行车时，可在制动总泵上包上湿布冷却，常向湿布上滴水降温，可达到防气阻的效果。

图 3-42　新旧制动液外观对比图

（3）其他注意事项

① 如果不小心将汽油、柴油机油或者玻璃清洗剂混入制动液，会大大影响制动效果，应该及时更换制动液。

② 车辆正常行驶 40000km 或制动液连续使用超过 2 年，制动液很容易由于使用时间长而变质，所以要及时更换。

③ 装有制动液液面报警装置的车辆，应该随时观察报警指示灯是否闪亮，报警传感器性能是否良好，当制动液不足时应及时添加，制动液储液罐液面应该保持在标定的最低容量刻度和最高容量刻度之间。

④ 换季时，尤其在冬季，如果发现制动效果下降，则有可能是制动液的级别不适应冬季气候，应更换低温下黏度偏小的新制动液。

⑤ 当制动液中混入或吸入水分，或者是发现制动液有杂质或沉淀物时，应该及时更换，否则会造成制动压力不足，从而影响制动效果。

⑥ 更换制动液时，一定要把原来的制动液排放干净，然后加入新换的制动液。

制动系统的维护与小总成更换	学习任务单	班级：
		姓名：

1. 制动液根据组成成分的不同可以分为_____、_____和_____ 3 种。

2. 制动液常用的标准为美国的_____标准，我国相对应的标准为_____标准。

（续）

3. 优良制动液的标准是：

_____；

_____；

_____；

_____；

_____。

4. 制动液为何要定期更换？

5. DOT3 和 DOT4 两种标号的制动液有哪些区别？

【任务实施】 **制动系统的维护与小总成更换**

【实训器材】

吉利 EV450 纯电动汽车、制动液、常用工具和维修手册等。

【作业准备】

检查举升机，将车辆在工位停放周正，铺好车内和车外护套。

【操作步骤】

一、制动系统的维护

1. 车辆参数的记录

操作示意图	操作方法	操作标准
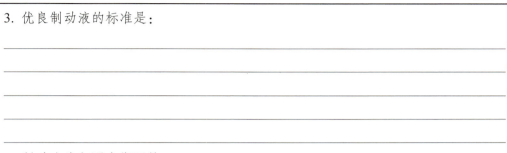	记录车辆品牌、型号、行驶里程、蓄电池电量等车辆参数	认真观察、准确记录

2. 高压安全防护与标准断电

（1）安全措施　安全措施包括工作场地通风，操作时穿高压安全防护用具，正确操作举升机。

（2）主要工具的准备　准备的工具主要有车轮挡块、地板垫、座椅套、转向盘套、翼子板布、前格栅布、胎压表、动平衡机、数字万用表、扳手套装、橡胶锤、抹布若干等。

（3）高压断电

操作示意图	操作方法	操作标准
	断开辅助蓄电池负极电缆连接，用绝缘胶带包裹	需要佩戴绝缘手套
	断开高压母线并包裹绝缘胶带，等待5min	需要佩戴绝缘手套
	使用高压电表单手测量高压母线正、负极之间的电压，确保动力蓄电池无电压输出	需要佩戴绝缘手套

3. 制动液检查、添加、更换与排气

一般制动液的更换周期是每24个月或者30000km。

（1）安全措施　安全措施包括工作场地通风，操作时穿高压安全防护用具，正确操作举升机。

（2）主要工具的准备　准备的主要工具有制动液检测笔、制动液收集器、呆扳手、制动液等。

（3）制动液的检查步骤

操作示意图	操作方法	操作标准
	打开前机舱盖，检查制动液储液罐液面是否在MAX和MIN刻线之间	如果液面低于MIN刻度，需要检查管路和轮缸等处是否有泄漏

（续）

操作示意图	操作方法	操作标准
	制动液含水量检查：拔下制动液检测笔的测试头护帽，将金属测试头放入被检测制动液中，按下测试开关，笔身上的指示灯就会亮	指示灯含义见表 3-16

表 3-16 制动液检测笔指示灯含义对照表

制动液检测笔指示灯	含水量	是否需要更换制动液
绿色	0	无须更换
绿色 / 黄色	低于 1%	无须更换
绿色 / 黄色 / 黄色	约 2%	无须更换
绿色 / 黄色 / 黄色 / 红色	约 3%	建议更换
绿色 / 黄色 / 黄色 / 红色 / 红色	至少 4%	需立刻更换

（4）制动液的更换步骤

操作示意图	操作方法	操作标准
	目视检测制动总缸、制动轮缸、制动器和制动液管路等部件，应无液体泄漏和损坏	认真观察，准确记录
	排放旧制动液：打开前机舱盖，拧下制动液储液罐上的密封盖，用制动液加注及排气装置的吸油软管从制动液储液罐中抽吸出来尽可能多的制动液	按照车辆维修手册规范地进行操作
	安装制动踏板加载装置：将制动踏板加载装置放到驾驶舱座椅和制动踏板之间的底板上，并预紧	按照车辆维修手册规范地进行操作

操作示意图	操作方法	操作标准
	添加新制动液和排气：将适配接头旋紧固定在制动液储液罐加注口上，将制动液加注软管连接在适配接头上，并起动装置	按照车辆维修手册规范地进行操作
	取下左前车轮制动轮缸排气螺栓上的防尘帽，将制动液收集瓶上的排气软管牢固地固定在排气螺栓上，以免空气进入制动装置内。用梅花扳手拧松排气螺栓，将旧制动液排出	等到排出的制动液中无气泡时，拧紧排气螺栓，取下排气软管。擦净制动轮缸周围的油迹
	按照以上步骤，依次对右前、左后、右后制动轮缸管路进行排气	按照车辆维修手册规范地进行操作
	拧下制动液储液罐上的适配接头，检测制动液液位，将其调整至 MAX 和 MIN 两刻线之间	按照车辆维修手册规范地进行操作
	拧上制动液储液罐的密封盖，拆下制动踏板加载装置，安装车轮，完成制动液更换	按照车辆维修手册规范地进行操作

> **小提示：**
>
> 制动液对皮肤和汽车漆面有腐蚀性，在操作过程中不允许制动液直接接触皮肤和汽车漆面。如果发现漆面有油污，必须尽快擦净；如果皮肤不小心接触到制动液，尽快用大量清水冲洗干净。
>
> 更换制动液及排气完成后，需检查制动踏板压力和自由行程，最大自由行程为踏板行程的 1/3。一般要进行路试，以检验制动效果，保证制动系统安全可靠。在试车中，必须保证 ABS 控制的制动系统至少工作 1 次（可感到制动踏板上振动）。

4. 制动系统组件及其管路清洁度、腐蚀、紧固、自由行程的检查

（1）制动系统组件及其管路清洁度、腐蚀、紧固的检查

操作示意图	操作方法	操作标准
	举升车辆至适当高度，并可靠锁止	按照车间安全操作规范和车辆维修手册规范地进行操作
	通过目视法和触检法检查制动系统组件及其管路是否有漏油、腐蚀及管路清洁度不佳等现象，如果出现以上现象，需及时进行检修	按照车辆维修手册规范地进行操作
	通过查询车辆维修手册，用扭力扳手对制动系统各重要螺栓及螺母紧固件进行力矩校验	按照车辆维修手册规定的紧固力矩值进行操作

（2）制动踏板自由行程的检查

操作示意图	操作方法	操作标准
	在制动踏板处于释放位置时，用钢直尺测量制动踏板端面至驾驶舱底板的高度 H_1	测量时，钢直尺应与底板保持垂直

（续）

操作示意图	操作方法	操作标准
	用手压下制动踏板至略感有阻力的位置，用钢直尺测量制动踏板端面至驾驶舱底板的高度 H_2	测量时，钢直尺应与底板保持垂直
	两次测量高度差（H_1-H_2），即该车制动踏板的自由行程。若制动踏板自由行程不符合规定要求，则应进行调整	液压制动的制动踏板自由行程一般为 15~20mm，在调整时应按车型规定的数值进行调整

5. 制动片、制动盘的测量与更换

操作示意图	操作方法	操作标准
	按照规范正确拆卸车轮	按照车辆维修手册规范地进行操作
	举升车辆，旋松制动分泵螺栓。注意使用 14mm 梅花扳手或套筒逆时针旋松螺栓	按照车辆维修手册规范地进行操作
	拆卸制动片，观察制动片磨损情况并测量制动片厚度，内、外两侧各测量 3 个点	标准厚度：11.2mm 最小厚度：2.5mm 厚度小于 2.5mm，需更换制动片

（续）

操作示意图	操作方法	操作标准
	用千分尺测量制动盘厚度，选择制动盘3个测量点，每个测量点离外边缘10mm。注意：千分尺使用前需校零	标准厚度：25mm 最小厚度：22.5mm 厚度小于22.5mm，需更换制动盘
	用百分表测量制动盘跳动，以距外圆10mm处选择测量点。注意：百分表使用前需校零	制动盘跳动量应小于0.025mm 若制动盘跳动超过最大值，需进行调整。如果无法调整，则需更换制动盘
	安装制动片和制动分泵，紧固制动分泵螺栓	根据维修手册的标准力矩要求进行紧固
	按照规范正确安装车轮	按照车辆维修手册规范地进行操作

6. 手动式驻车制动器的检查与调整

（1）手动式驻车制动器的检查

操作示意图	操作方法	操作标准
	按下驻车制动器操纵杆前端的按钮，将驻车制动器放松至底部	按照车辆维修手册规范地进行操作

（续）

操作示意图	操作方法	操作标准
	举升车辆至车轮离地，踩制动踏板 2~3 次，然后彻底放松制动踏板。用手转动检查，两后车轮应能旋转自如，否则为制动拖滞	按照车辆维修手册规范地进行操作
	用手向斜上方用力拉紧驻车制动器手柄，车辆两后轮应被锁死无法旋转，否则为驻车制动不灵	按照车辆维修手册规范地进行操作
	用手向下按压驻车制动器的手柄，手柄应不能向下移动，否则应检查棘爪的锁定性能	按照车辆维修手册规范地进行操作

（2）手动式驻车制动器的调整

操作示意图	操作方法	操作标准
	拆卸驻车制动器操纵杆上的装饰板，找到驻车制动器调整螺母	按照车辆维修手册规范地进行操作
锁紧螺母 调整螺母	把驻车制动器手柄拉起两齿（听到棘轮"咔咔"两响），使手柄锁止于该位置，旋紧驻车制动调整螺母，直到用手不能旋转两个被制动的后车轮为止。彻底松开驻车制动器手柄后，车轮能旋转自如即调整合适	按照车辆维修手册规范地进行操作

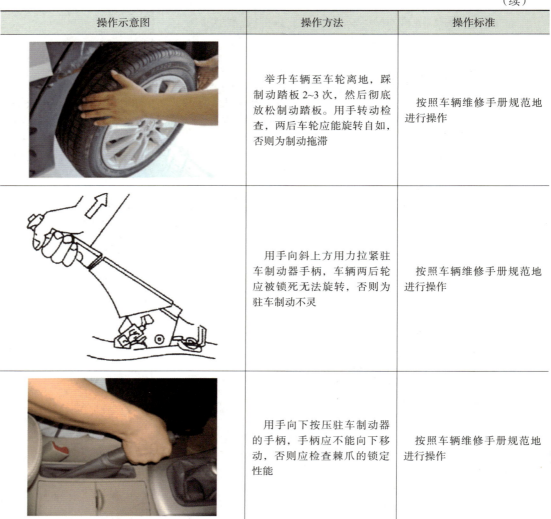

操作示意图	操作方法	操作标准
	松开驻车制动器手柄，两后车轮能旋转自如即调整合适	按照车辆维修手册规范地进行操作
	将驻车制动器手柄的装饰板恢复	按照车辆维修手册规范地进行操作

7. 电子驻车制动功能的检查

操作示意图	操作方法	操作标准
	驻车制动功能检查： 当车速低于预先设定值（如8km/h）时，按下电子驻车按钮，应能实现正常驻车制动，并且驻车指示灯应亮	按照车辆维修手册规范地进行操作
	起步辅助功能检查： 在斜坡道路起步时，为保证平稳起步且防止溜车，驾驶人可不松开驻车制动器手柄直接起步。只有当车辆的驱动轮转矩大于控制单元计算出的斜坡下滑转矩时，控制单元发出指令控制驻车制动电机解除后轮制动，车辆正常起步	按照车辆维修手册规范地进行操作

二、竣工检验

1）安装轮胎，清洁车辆，恢复车辆状态。
2）试车，验证汽车制动功能。
3）整理、恢复作业场地。

制动系统的维护与小总成更换		工作任务单	班级：
			姓名：

1. 车辆信息记录

品牌		整车型号		生产日期	
驱动电机型号		蓄电池电量		行驶里程	
车辆识别代号					

2. 作业场地准备

检查设置隔离栏	□是 □否
检查设置安全警示牌	□是 □否
检查灭火器压力、有效期	□是 □否
安装车辆挡块	□是 □否

3. 制动系统的维护与小总成更换

制动液的检查与更换	
制动踏板自由行程的检查与调整	
制动片、制动盘的测量与更换	
手动式驻车制动器的检查与调整	
电子驻车制动功能的检查	

4. 竣工检验

车辆是否正常行车制动	□是 □否
车辆是否正常驻车制动	□是 □否

5. 作业场地恢复

拆卸车内三件套	□是 □否
拆卸翼子板布	□是 □否
将高压警示牌等放至原位置	□是 □否
清洁、整理场地	□是 □否

制动系统的维护与小总成更换			实习日期：	
姓名：	班级：	学号：		教师签名：
自评：□熟练 □不熟练	互评：□熟练 □不熟练	师评：□合格 □不合格		
日期：	日期：	日期：		

制动系统的维护与小总成更换【评分细则】

序号	评分项	得分条件	分值	评分要求	自评	互评	师评
1	安全/7S/态度	□1. 能进行工位 7S 操作 □2. 能进行设备和工具安全检查 □3. 能进行车辆安全防护操作 □4. 能进行工具清洁、校准、存放操作 □5. 能进行三不落地操作	15	未完成1项扣3分	□熟练 □不熟练	□熟练 □不熟练	□合格 □不合格

（续）

序号	评分项	得分条件	分值	评分要求	自评	互评	师评
2	专业技能能力	☐1. 能正确检查制动液液位 ☐2. 能规范添加和更换制动液 ☐3. 能正确检查制动系统组件及其管路的清洁度和紧固情况 ☐4. 能正确测量制动踏板自由行程 ☐5. 能正确测量和更换制动片、制动盘 ☐6. 能正确检查与调整手动式驻车制动器 ☐7. 能规范检查电子驻车制动功能	50	未完成1项扣6分	☐熟练 ☐不熟练	☐熟练 ☐不熟练	☐合格 ☐不合格
3	使用工具及设备的能力	☐1. 能正确使用举升机和扳手等常用工具 ☐2. 能正确使用钢直尺、千分尺和百分表 ☐3. 能正确使用制动液检测笔、制动液收集器	10	未完成1项扣3分	☐熟练 ☐不熟练	☐熟练 ☐不熟练	☐合格 ☐不合格
4	资料、信息查询能力	☐1. 能正确使用维修手册查询资料 ☐2. 能正确记录查询资料章节及页码 ☐3. 能正确记录所需维护信息	10	未完成1项扣3分	☐熟练 ☐不熟练	☐熟练 ☐不熟练	☐合格 ☐不合格
5	数据判断和分析能力	☐1. 能判断制动液位是否正常 ☐2. 能判断制动管路清洁度是否正常 ☐3. 能判断制动踏板自由行程是否正常 ☐4. 能判断制动片、制动盘是否正常	10	未完成1项扣3分，扣分不得超过10分	☐熟练 ☐不熟练	☐熟练 ☐不熟练	☐合格 ☐不合格
6	表单填写、报告撰写的能力	☐1. 字迹清晰 ☐2. 语句通顺 ☐3. 无错别字 ☐4. 无涂改 ☐5. 无抄袭	5	未完成1项扣1分	☐熟练 ☐不熟练	☐熟练 ☐不熟练	☐合格 ☐不合格

总分：

任务二　转向系统的维护与小总成更换

【学习目标】

知识目标：

1）掌握转向系统的工作原理。

2）掌握转向系统维护与小总成更换流程。

技能目标：

1）具有进行高压安全防护与标准断电的能力。

2）具有进行转向盘旷动和自由行程检查的能力。

3）具有进行转向传动机构检查与维护的能力。

4）具有进行转向横拉杆更换的能力。

5）具有进行电动助力转向功能检查的能力。

素养目标：

1）在操作过程中树立高压安全意识。

2）通过制订维护和小总成更换流程，培养学生分析问题和解决问题的能力。

3）能在工作结束后按照 7S 管理规定整理、恢复作业场地，养成良好的工作习惯。

4）以英菲尼迪线控转向为案例，引导学生讨论，培养学生关注行业发展动向。

【任务描述】

一辆 2018 款吉利 EV450 纯电动汽车，行驶里程为 30000km，去 4S 店进行常规维护。根据维修手册规定，需对汽车转向系统进行常规维护。请根据维修手册及相关资料，完成转向系统的维护与小总成更换。

【获取信息】

一、认识电动助力转向系统

电动助力转向系统（EPS）是一种直接依靠电动机提供辅助转矩的动力转向系统，与传统的液压助力转向系统（HPS）相比，电动助力转向系统具有助力特性好和节能等优点。电动助力转向系统主要由转矩传感器、车速传感器、电动机、减速机构和 ECU 等组成，如图 3-43 所示。

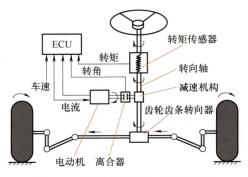

图 3-43 电动助力转向系统示意图

1. 电动助力转向系统的组成

（1）信号传感装置 信号传感装置主要包括转矩传感器、转角传感器和车速传感器。驾驶人在操纵转向盘时，转矩传感器和转角传感器根据驾驶人输入转矩和转向盘转向角的大小产生相应的电压信号，车速传感器用于检测车速信号。

（2）转向助力机构 转向助力机构主要包括电动机、离合器和减速机构等，电动机仅在需要助力时工作，减速机构用于放大电动机输出转矩并减速，离合器用于控制电动机和减速传动机构的动力结合和断开。

（3）电子控制装置 控制单元根据转矩、转角和车速传感器的信号，给出指令控制电动机的转向和转矩，从而产生所需要的转向助力。

2. 电动助力转向系统的优点

1）可以显著降低能耗。电动助力转向系统只是在转向时才由电动机提供助力，不转向时不消耗能量。

2）转向助力特性可以通过软件调整，能够兼顾低速时的转向轻便性和高速时的操纵稳定性，回正性能好。

想一想：

电动助力转向系统的结构与液压助力转向系统相比有哪些不同？为何新能源汽车上普遍采用电动助力转向系统？

3）结构紧凑，质量小，易装配，易于维护。电动助力转向系统没有液压元器件，便于一体设计。

4）通过程序的设置，电动助力转向系统容易与不同车型匹配，可以缩短生产和开发的周期。

5）电动助力转向系统是实现辅助驾驶一系列功能（如自动泊车 APA、车道保持 LKA 等）最基本的配置。

> **时事热点讨论：**
>
> 　　自动驾驶汽车是现在汽车行业研究的热点，也是未来汽车发展的必然方向。为了实现自动驾驶功能，转向系统要往什么方向发展呢？英菲尼迪 Q50 作为量产车中第一款装配线控转向系统的车型，可以称得上勇气可嘉。
>
> 　　线控转向技术广泛应用在飞机上，采用线束传递电信号，取消了机械传动结构，使操纵更加灵活，响应速度更快。汽车上的线控转向系统取消了转向管柱和转向机构之间的转向轴，转向盘的转动通过传感器转换成数字信号传递给 ECU，ECU 判断驾驶人的转向意图，控制转向执行机构的动作实现转向。线控转向系统的优点：可以轻易实现主动转向和可变传动比功能；可以获得比电动助力转向系统更快的响应速度；可通过软件参数的调整实现多种不同的驾驶模式；占据空间小，布置更加灵活；碰撞时管柱侵入的可能性降低，安全性得到提高等。
>
> 　　英菲尼迪 Q50 采用了机械冗余式线控转向系统，在转向管柱与转向机构之间增设有电控多片离合器。正常情况下，转向机构上的两个 ECU+ 电动机并联工作；故障模式下（如管柱侧电动机失效且转向机侧任意一个电动机失效，或管柱角度超过一定限制等），离合器吸合，采集转矩传感器信号，实现传统电动助力转向系统的基本助力功能。
>
> 　　目前，量产车中采用线控转向系统的车型还比较少，而英菲尼迪 Q50 因线控转向系统存在缺陷进行了大量召回，在消费者中引起了热议。在汽车线控转向技术的应用上，你支持第一个"吃螃蟹"的英菲尼迪吗？为什么？

二、电动助力转向系统维护的注意事项

1. 处理电子部件时

1）避免撞击电子部件，如 ECU 和电动机。如果这些部件跌落或遭受严重撞击，则应换新。

2）不要将任何电子部件暴露在高温或潮湿环境中。

3）不要直接用手触碰插接器端子，以防变形或因静电而引起故障。

2. 处理转向机总成时

1）避免撞击转向机总成，特别是电动机和转矩传感器。如果这些部件跌落或遭受严重撞击，则应换新。

2）当移动转向机总成时，不要提拉线束。

3. 断开和重新连接控制器时

1）将起动开关置于 ON 位置，使转向盘回正，并在断开电动助力转向系统相关插接

器前，再次将起动开关置于 OFF 位置。

2）在重新连接电动助力转向系统相关插接器前，确保起动开关置于 OFF 位置。重新连接后，将转向盘回正，并将起动开关置于 ON 位置。当转向盘未回正时，不要将点火开关置于 ON 位置。

3）如果不能正确完成以上操作，零点将出现偏离，可能会导致左、右转向力矩之间出现差异。如果左、右转向力矩之间有差别，需进行转向零点校正。

4. 起动和行驶时

尽量不要来回剧烈转动转向盘，否则会造成电动机功率消耗增加，电流增大会造成电动机发热。当控制装置检测到电动机热量增大时，它会逐渐减小电动机的电流，以保护系统。因此，电动机动力输出将受到限制，最终造成助力失效。

5. 更换控制器、转向机、转向管柱或调整前轮前束时

这些情况都要用故障诊断仪重新角度置零。角度置零需注意：

① 每次点火只能置零 1 次，置零时不能转动转向盘。

② 角度置零成功以后，需重新点火起动（第 2 次起动时间间隔不能小于 5s），置零才有效。

转向系统的维护与小总成更换	学习任务单	班级： 姓名：

1. 电动助力转向系统由_____、_____和_____组成。

2. 电动助力转向系统的优点是：

_____；

_____；

_____；

_____；

_____。

3. 阐述电动助力转向系统的工作原理。

4. 电动助力转向系统维护有哪些注意事项？

项目三　整车常规维护与小总成更换

【任务实施】　电动助力转向系统的维护与小总成更换

【实训器材】

吉利 EV450 纯电动汽车、常用工具和维修手册等。

【作业准备】

检查举升机，将车辆在工位停放周正，铺好车内和车外护套。

【操作步骤】

扫一扫

转向横拉杆
的更换

一、电动助力转向系统的维护

1. 车辆参数的记录

操作示意图	操作方法	操作标准
	记录车辆品牌、型号、行驶里程、蓄电池电量等车辆参数	认真观察、准确记录

2. 高压安全防护与标准断电

（1）安全措施　安全措施包括工作场地通风，操作时穿高压安全防护用具，正确操作举升机。

（2）主要工具的准备　准备的主要工具包括车轮挡块、地板垫、座椅套、转向盘套、翼子板布、前格栅布、数字万用表、钢直尺（0~150mm）、扳手套装、鲤鱼钳、橡胶锤、抹布若干等。

（3）高压断电

操作示意图	操作方法	操作标准
	断开辅助蓄电池负极电缆连接，用绝缘胶带包裹	需要佩戴绝缘手套
	断开高压母线并包裹绝缘胶带，等待 5min	需要佩戴绝缘手套

121

(续)

操作示意图	操作方法	操作标准
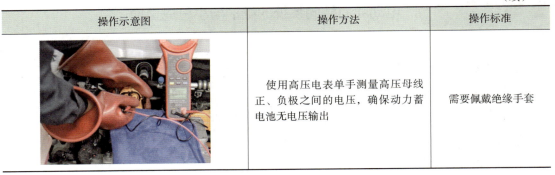	使用高压电表单手测量高压母线正、负极之间的电压,确保动力蓄电池无电压输出	需要佩戴绝缘手套

3. 转向盘旷动和自由行程的检查

操作示意图	操作方法	操作标准
	车辆放置在平坦的路面上,车轮朝向正前方	按照车辆维修手册规范地进行操作
	通过在纵向和横向晃动转向盘,检查转向盘是否松动或发生"吱吱"声	如果发现松动或异响,则进行维修或更换
	向左、向右轻轻转动转向盘,不使车轮发生偏转,转向盘所能转过的角度范围应该在10°~15°,距离应不超过30mm	如果超出该范围,应对转向系统进行检查
	如果转向盘自由行程不在规定的范围内,按流程进行检查:转向横拉杆球头是否磨损→下部球接头是否磨损→转向轴接头是否磨损→转向小齿轮或齿轮齿条是否磨损或破裂→其他部件是否松动	如果发现缺陷,则进行维修或更换

> **小提示:**
> 转向盘自由行程对于缓和路面冲击对于转向盘的影响、提升驾驶人的操纵舒适性、保证车辆具有维持直线行驶能力有重要的作用。

4. 转向传动机构的检查与维护

转向传动机构主要检查转向横拉杆、转向横拉杆球头防尘套、转向节、转向器防尘套等。

操作示意图	操作方法	操作标准
	拉起驻车制动器手柄，降下驾驶人侧车窗玻璃，拉前机舱盖释放杆	按照车辆维修手册规范地进行操作
	转向横拉杆检查： ① 举升车辆至合适高度 ② 检查转向横拉杆有无弯曲、损坏 ③ 用手上下摇晃转向横拉杆，检查有无松动 ④ 检查另一侧转向横拉杆有无弯曲、损坏，有无松动	按照车辆维修手册规范地进行操作
	转向横拉杆球头防尘套检查： ① 检查球头防尘套有无老化、开裂 ② 检查槽型螺母开口销是否变形、损坏 ③ 检测另一侧防尘套和槽型螺母开口销	按照车辆维修手册规范地进行操作
	转向节检查： ① 检查转向节有无变形、损坏 ② 检查另一侧转向节有无变形、损坏	按照车辆维修手册规范地进行操作
	转向器防尘套检查： ① 检查转向器防尘套有无开裂、渗漏 ② 检查卡箍安装有无松动	按照车辆维修手册规范地进行操作

5. 转向横拉杆的检查

操作示意图	操作方法	操作标准
	拆卸左前、右前车轮	按照车辆维修手册规范地进行操作
	拆卸转向横拉杆球头螺母锁止销	按照车辆维修手册规范地进行操作
	拆卸转向横拉杆球头螺母锁	按照车辆维修手册规范地进行操作
	在转向横拉杆上标记螺纹位置,方便重新安装调整螺母 松开转向横拉杆调整螺母并旋下转向横拉杆和球头,取下横拉杆和球头	按照车辆维修手册规范地进行操作
	安装转向横拉杆和球头: 将调整螺母对准转向横拉杆上的标记 将转向横拉杆和球头旋转安装到转向横拉杆上	按照车辆维修手册规范地进行操作
	将转向横拉杆和球头安装到转向节上 安装转向横拉杆和六角开槽螺母并紧固,力矩为33N·m 安装转向横拉杆球头螺母锁止销	按照车辆维修手册规范地进行操作

（续）

操作示意图	操作方法	操作标准
	安装左前、右前轮胎。调节前轮前束 紧固转向横拉杆和球头调整螺母，紧固力矩为75N·m	按照车辆维修手册规范地进行操作

> **小提示：**
> 相比于液压助力转向系统，电动助力转向系统没有液压管路和油泵等液压元器件，因此其维护的内容相对比较简单，主要包括机械部分和电子器件的检查和维护。

6. 转向力的检查

操作示意图	操作方法	操作标准
	将车辆停在平整的路面上，并使车轮对准正前方	按照车辆维修手册规范地进行操作
	根据汽车维修手册或说明书，用胎压计依次检查4个轮胎胎压是否在要求范围内	按照车辆维修手册规范地进行操作
	将钥匙置于ON档时，或按下一键起动按钮，从相切方向用弹簧秤钩住转向盘，匀速拉动转向盘测量转向力并记录	查询车辆维修手册，检查所测转向力是否在规定范围内

二、竣工检验

1）清洁车辆，恢复车辆状态。
2）取下车内、外防护用品。
3）清洁并整理工具。
4）整理、恢复作业场地。

电动助力转向系统的维护与小总成更换	工作任务单	班级：
		姓名：

1. 车辆信息记录					
品牌		整车型号		生产日期	
驱动电机型号		蓄电池电量		行驶里程	
车辆识别代号					

2. 作业场地准备		
检查设置隔离栏	□是	□否
检查设置安全警示牌	□是	□否
检查灭火器压力、有效期	□是	□否
安装车辆挡块	□是	□否

3. 高压安全防护与标准断电

4. 电动助力转向系统的维护与小总成更换	
转向盘旷动和自由行程的检查	
转向传动机构的检查与维护	
转向横拉杆的更换	
电动助力转向功能的检验	

5. 竣工检验		
车辆电动助力转向功能是否正常	□是	□否

6. 作业场地恢复		
拆卸车内三件套	□是	□否
拆卸翼子板布	□是	□否
将高压警示牌等放至原位置	□是	□否
清洁、整理场地	□是	□否

转向系统的维护与小总成更换		实习日期：	
姓名：	班级：	学号：	教师签名：
自评：□熟练 □不熟练	互评：□熟练 □不熟练	师评：□合格 □不合格	
日期：	日期：	日期：	

电动助力转向系统的维护与小总成更换【评分细则】							
序号	评分项	得分条件	分值	评分要求	自评	互评	师评
1	安全/7S/态度	□1. 能进行工位 7S 操作 □2. 能进行设备和工具安全检查 □3. 能进行车辆安全防护操作 □4. 能进行工具清洁、校准、存放操作 □5. 能进行三不落地操作	15	未完成1项扣3分	□熟练 □不熟练	□熟练 □不熟练	□合格 □不合格
2	专业技能能力	□1. 能正确检查转向盘旷动情况 □2. 能规范检查转向盘自由行程 □3. 能正确检查转向传动机构 □4. 能规范更换转向横拉杆 □5. 能正确检验电动助力转向功能	50	未完成1项扣6分	□熟练 □不熟练	□熟练 □不熟练	□合格 □不合格
3	使用工具及设备的能力	□1. 能正确使用举升机和扳手等常用工具 □2. 能正确使用数字万用表 □3. 能正确使用鲤鱼钳、橡胶锤等工具	10	未完成1项扣3分，扣分不得超过10分	□熟练 □不熟练	□熟练 □不熟练	□合格 □不合格
4	资料、信息查询能力	□1. 能正确使用维修手册查询资料 □2. 能正确记录查询资料章节及页码 □3. 能正确记录所需维护信息	10	未完成1项扣3分	□熟练 □不熟练	□熟练 □不熟练	□合格 □不合格
5	数据判断和分析能力	□1. 能判断转向盘是否有旷动现象 □2. 能判断转向盘自由行程是否正常 □3. 能判断电动助力转向功能是否正常	10	未完成1项扣3分	□熟练 □不熟练	□熟练 □不熟练	□合格 □不合格
6	表单填写、报告撰写的能力	□1. 字迹清晰 □2. 语句通顺 □3. 无错别字 □4. 无涂改 □5. 无抄袭	5	未完成1项扣1分	□熟练 □不熟练	□熟练 □不熟练	□合格 □不合格

总分：

任务三 行驶系统的维护与小总成更换

【学习目标】

知识目标：

1）掌握轮胎的基础知识及其特性。

2）掌握行驶系统维护与小总成更换流程。

技能目标：

1）具有进行高压安全防护与标准断电的能力。

2）具有进行悬架检查与维护的能力。

3）具有进行车轮与轮胎检查与维护的能力。

4）具有进行横向稳定杆隔振垫、横向稳定杆更换的能力。

5）具有进行前、后减振器检查与更换的能力。

6）具有进行电控悬架检查与设定的能力。

素养目标：

1）在操作过程中树立高压安全意识。

2）通过制订维护和小总成更换流程，培养学生分析问题和解决问题的能力。

3）能在工作结束后按照7S管理规定整理、恢复作业场地，养成良好的工作习惯。

4）以《米其林指南》的成功案例引导学生讨论，培养学生严谨诚信的品质。

【任务描述】

一辆2018款吉利EV450纯电动汽车，行驶里程为30000km，去4S店进行常规维护。根据维修手册规定，需对汽车行驶系统进行常规维护。请根据维修手册及相关资料，完成行驶系统的维护和小总成更换。

【获取信息】

一、认识轮胎的基础知识

轮胎是在各种车辆或机械上装配的接地滚动的圆环形弹性橡胶制品，通常安装在金属轮辋上，能支撑车身，缓冲外界冲击，实现与路面的接触并保证车辆的行驶性能。

1. 轮胎的作用

（1）传递车辆与路面之间的力　轮胎是车辆与路面之间力传递的载体，通过轮胎传递驱动力、制动力、转向力等，从而实现汽车的驱动、制动、转向等操作。

（2）支撑车辆载荷　车辆的载荷导致轮胎变形，直到轮胎接地面积的平均压力与轮胎内部的充气压力达到平衡。

（3）缓解和吸收车辆振动和冲击　轮胎可减轻、吸收汽车行驶过程的振动和冲击力，避免汽车零部件受到剧烈的振动而导致早期损坏。同时，轮胎适应车辆的高速行驶状态并减小行驶噪声，保证行驶的安全性、舒适性、操纵稳定性和燃油经济性。

2. 轮胎的分类

汽车轮胎按胎体结构（图3-44）可分为充气轮胎和实心轮胎，现代乘用车上普遍采用充气轮胎，而实心轮胎主要适用于防暴车、运钞车、反恐车、工程车辆、林业机械等特殊车辆。

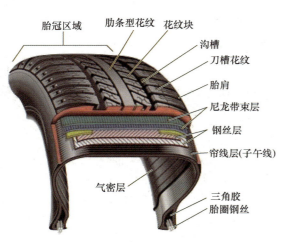

图3-44　子午线轮胎断面图

充气轮胎根据不同的分类方法分类：

1）按组成结构不同，可分为有内胎轮胎和无内胎轮胎两种。

2）按胎内的工作压力大小，可分为高压胎、低压胎和超低压胎3种。

3）按胎体中帘线排列的方向不同，可分为普通斜交胎、带束斜交胎和子午线胎。

4）按胎面花纹的不同，可分为普通花纹胎、混合花纹胎和越野花纹胎，如图3-45所示。

3. 轮胎的规格

子午线轮胎的规格表示方法：【轮胎宽度】/【轮胎断面扁平比】R【轮辋直径】【负荷指数】【车速级别】

以175/70R 14 77H为例：175代表轮胎宽度是175mm，轮胎宽度越大，轮胎的抓地力越强，油耗/电耗越大。

70表示轮胎断面的扁平比是70%，也称为高宽比，即断面高度是宽度的70%。高扁平比的轮胎舒适性较高，但转弯时的侧向抵抗力较弱；反之，低扁平比的轮胎对路面反应比较灵敏，转弯时的侧向抵抗能力较强，车辆的操控性较强。

R代表轮胎属于子午线轮胎。

14表示轮辋直径是14in。一般来说，轮辋直径越大，视觉效果和操控性能越强，舒适性和经济性越差，SUV相比轿车会采用更大的轮毂直径。

77是负荷指数，表示一条轮胎所能承受的最大负荷为412kg。负荷指数的数值越大，轮胎所能承受的最大负荷越大。

H是许用车速级别，表示车辆能承受的极限速度为210km/h，超过该速度可能引起爆胎。速度级别越高，对轮胎设计及材料的要求就越高。

图3-45 不同花纹的轮胎

想一想：

轿车上为何普遍使用无内胎轮胎？无内胎轮胎相比有内胎轮胎有什么优势？

头脑风暴：

子午线胎与斜交胎的差异？为什么现在乘用车上都普遍采用子午线胎？

时事热点讨论：

2020年11月16日，备受瞩目的《2021北京米其林指南》公布，新版指南共收录2家三星餐厅，2家二星餐厅，26家一星餐厅。米其林作为一家全球著名的轮胎公司，为什么成为餐厅行业的权威？

《米其林指南》诞生于1900年的巴黎世博会期间，米其林轮胎公司的创办人米其林兄弟看好刚刚兴起的自驾车旅行。他们搜集地图、加油站、旅馆和餐厅等信息，汇编成实用且便于携带的手册，免费发放给来店换轮胎的顾客，作为他们销售轮胎的增值服务。1931年启用3个星级的评定标准：3颗星为出类拔萃，值得专程前往；2颗星为厨艺出色，值得绕道前往；1颗星为同类别餐厅中非常好的。自始至终米其林一直遵循5项严格的承诺：匿名造访、独立客观、精挑细选、每年更新、标准统一。

匿名造访：米其林派出"美食侦探"在餐厅不知情的情况下，定期以普通顾客身份去消费，便于公正地评判餐厅的菜肴和服务品质。

> 独立客观:米其林完全独立地挑选并最终收录餐厅和酒店,不向入选者收取任何费用。所以餐厅很难自荐自己的餐馆。
>
> 精挑细选:米其林是在不同舒适度和价格等级的餐厅和酒店中精心评选出最好的餐厅和酒店供读者参考。
>
> 每年更新:每年米其林都会修订实用信息、排名和星级评定,以保证为读者提供的是最新、最可靠的信息。
>
> 标准统一:米其林的评选标准在整个系列所涵盖的国家中都是一致的。获得星级标志的酒店和餐馆不论在哪个国家、哪个城市,其服务水准都是一样的。
>
> 严格诚信的评定使《米其林指南》在餐厅评定方面享有至高无上的权威,能被米其林收录被视为无上的殊荣,并意味着收益的大幅增长。从《米其林指南》的成功上你有什么启发?

二、轮胎的维护方法

轮胎常在复杂和苛刻的条件下使用,它在行驶时承受着各种变形、负荷、力以及高低温作用,因此必须具有较高的承载性能、牵引性能和缓冲性能。同时,还要具备高耐磨性和耐屈挠性,以及低的滚动阻力与生热性。

1. 安全存放

所有的轮胎都应该储存在冷却、干燥和黑暗的室内,避免放在阳光下,油、酸、碳氢化合物附近,这些都会侵蚀轮胎。

2. 轮胎维护

轮胎经过一段时间的使用后,由于工作条件和负荷不相同,会使胎面磨损产生较大的差别,因此,为延长轮胎的使用寿命应按照规定及时进行轮胎换位。

3. 确保标准气压

掌握轮胎的充气标准,保证轮胎气压在规定值。

4. 控制轮胎温度

当环境温度在30℃以上时,胎压升高的程度不应超过充气标准的20%。夏季高温行车时,如果轮胎温度过高,应停车在阴凉处自然降温,严禁采用泼洒冷水、放气等办法降温降压。

5. 驾驶习惯对轮胎的影响

1)起步平稳。

2)中速行驶。

3)尽量避免紧急制动。

6. 行车前的例行检查

行车前,检查轮胎是否有鼓包、裂缝、割伤、扎钉、缺气和不正常磨损,如有发现,必须立即修理。检查轮胎面沟上是否有杂物、金属片、玻璃等,如果有,应用螺钉旋具将其剔除。检查轮胎固定螺母的紧固情况,如果发现松动,应及时拧紧。如果发现轮胎气压低于标准 20%，必须尽快将轮胎拆下来，由专业人员进行检查。注意车体轮圈是否有变形、龟裂等损伤，以利于行车安全。

行驶系统的维护与小总成更换	学习任务单	班级： 姓名：

1. 轮胎的作用主要有_____、_____、_____。

2. 轮胎按胎体中帘线排列的方向不同可以分为_____、_____和_____。

3. 子午线胎相比斜交胎的优点有_____、_____、_____、_____、_____。

4. 写出轮胎规格中数字的含义。

 175/70R 14 77H

5. 轮胎的维护方法有哪些？

 【任务实施】 **行驶系统的维护与小总成更换**

【实训器材】
吉利 EV450 纯电动汽车、常用工具和维修手册等。

【作业准备】
检查举升机，将车辆在工位停放周正，铺好车内和车外护套。

 【操作步骤】

扫一扫

车轮与轮胎的检查与维护

一、行驶系统的维护

1. 车辆参数的记录

操作示意图	操作方法	操作标准
	记录车辆品牌、型号、行驶里程和蓄电池电量等车辆参数	认真观察、准确记录

2. 高压安全防护与标准断电

（1）安全措施　安全措施包括工作场地通风，操作时穿高压安全防护用具，正确操作举升机。

（2）主要工具的准备　准备的主要工具有车轮挡块、地板垫、座椅套、转向盘套、翼子板布、前格栅布、胎压表、动平衡机、数字万用表、扳手套装、橡胶锤、抹布若干等。

（3）高压断电

1）打开前机舱盖，断开动力蓄电池负极线束连接，等待 5min 以上。

2）断开动力蓄电池至车载充电机的直流母线插接器。

拔出直流母线插接器后，使用万用表测量直流母线正、负极之间的电压，应低于 1V。

操作示意图	操作方法	操作标准
	断开辅助蓄电池负极电缆连接，用绝缘胶带包裹	需要佩戴绝缘手套
	断开高压母线并包裹绝缘胶带，等待 5min	需要佩戴绝缘手套
	使用高压电表单手测量高压母线正、负极之间的电压，确保动力蓄电池无电压输出	需要佩戴绝缘手套

3. 悬架的检查与维护

操作示意图	操作方法	操作标准
	车辆防护安装： ① 安装车轮挡块，安装车内防护 ② 拉起驻车制动器手柄，降下驾驶人侧车窗玻璃，拉发动机舱盖释放杆 ③ 打开发动机舱盖，安装翼子板布和前格栅布	按照车辆维修手册规范地进行操作

（续）

操作示意图	操作方法	操作标准
前悬架总成	车身水平检查： ① 取下车身外部防护，关闭前机舱盖 ② 采用半蹲姿势，在车辆的正前方观察车身有无明显倾斜 ③ 采用半蹲姿势，在车辆的正后方观察车身有无明显倾斜	按照车辆维修手册规范地进行操作
后悬架总成	悬架功能检查： 分别用力按压4个减振器部位的车身，观察车身上下晃动的情况，检查悬架系统功能是否正常，有无异响。注意：一般车身晃动2~3次后就会停止	按照车辆维修手册规范地进行操作
横向推力杆 横向稳定杆 减振器 螺旋弹簧 纵向推力杆	横向稳定杆检查： ①将车辆举升至合适高度 ②用手摇晃稳定杆及稳定连接杆，检查安装是否有松动 ③检查稳定杆外观有无变形或其他损坏	按照车辆维修手册规范地进行操作
上部支架·优化的特性 螺旋弹簧·优化的弹簧系数	螺旋弹簧的外观检查： 目视检查螺旋弹簧是否有断折、裂纹等损坏	按照车辆维修手册规范地进行操作
减振器·使用的多叶式线性控制阀	减振器的外观检查： ① 检查减振器上是否有凹痕，检查防尘罩上是否有裂纹、裂缝或其他损坏，同时检查减振器是否漏油 ② 检查减振器螺栓是否松动 ③ 检查汽车过坑时是否发出类似敲鼓的"咚咚"声，在行驶过程中是否出现不正常的振动，或是出现制动后的剧烈振动	按照车辆维修手册规范地进行操作

> **小提示：**
>
> 如果发现减振器外观漏油或者工作时发出异响等，应立即对减振器进行检修或更换。需要注意更换减振器时应该成对更换，也就是说，需同时更换一对前轮减振器或者一对后轮减振器。

4. 车轮与轮胎的检查与维护

车轮与轮胎的检查与维护主要包括轮胎胎压检查、轮胎换位和车轮动平衡等。

操作示意图	操作方法	操作标准
	轮胎胎压检查： ① 清洁胎压计，进行校零 ② 迅速旋开轮胎的气门芯螺母，将胎压计的测量头快速插在气门芯上 ③ 记录胎压计测量出的数据，看是否在汽车制造商规定的标准范围内。如果气压不够，则要给轮胎及时充气，如果气压过高，需进行放气调整 ④ 把轮胎的气门芯螺母拧上，继续测量剩余3个轮胎的胎压，看是否都在标准范围内	胎压需在冷车情况下进行检测
平行换位 交叉换位	轮胎换位： ① 子午线轮胎宜用单边换位法，通过前、后对换使轮胎保持相同的旋向。若交叉换位，会使轮胎旋向改变，从而引起轮胎不平衡出现发摆、发飘等现象 ② 花纹无方向普通斜交胎可以采用交叉换位法，左后胎换到左前，右后胎换到右前，左前胎换到右后，右前胎换到左后，可以使4个轮胎均匀磨损，延长使用寿命	应参照汽车自带的维护手册定期进行轮胎换位。轮胎换位间隔一般新车为10000km，以后每行驶5000~10000km进行一次轮胎换位

> **小提示：**
>
> 轮胎在安装时需要注意其是否分"内外侧"的。如果在一侧的胎壁上发现"OUTSIDE"字样，说明此轮胎安装时应该朝外侧；相应地，如果发现"INSIDE"字样，说明此轮胎安装时应该朝内侧。
>
> 除了"内外侧"之外，单导向轮胎安装时需注意轮胎的旋转方向要与胎壁上的箭头标识一致，否则将会影响轮胎的性能。

车轮动平衡

操作示意图	操作方法	操作标准
第一步：拆除旧配重块	把车轮拆卸下来后，对车轮进行清洁，轮圈内的泥土或轮胎上的石子都要完全清洁。如果是旧轮胎，车轮上可能会有旧的平衡块，也要把它拆下来	按照相关安全操作规范地进行操作
第二步：设定轮胎参数	把车轮装在动平衡机上，一定要用卡扣固定好，否则在高速旋转时会松动，甚至脱落 测量动平衡机需要的数值，例如动平衡机到车轮轮毂的距离、轮毂的宽度、轮毂的半径，输入数据后，就可以按动平衡机上的开始按钮	按照相关安全操作规范地进行操作
第三步：采集质量分配数据	此时轮胎高速旋转，待轮胎停止后，动平衡机会显示轮胎偏差数值	按照相关安全操作规范地进行操作
第四步：确定配重块安装位置	用手转动轮胎，当动平衡机内侧显示满格时，根据对应数值来添加平衡块	按照相关安全操作规范地进行操作
第五步：安装配重块	轮胎内侧完成后，继续用手转动轮胎，等待动平衡机外侧显示满格时，根据数值来添加对应平衡块	按照相关安全操作规范地进行操作
	轮胎内、外侧都添加平衡块后，再次按动动平衡机开始按钮，轮胎停止旋转后，如果显示数值都为0，表明动平衡完成。如果数值为其他数字，需重新进行调整	按照相关安全操作规范地进行操作

5. 横向稳定杆隔振垫、横向稳定杆的更换

(1) 横向稳定杆隔振垫更换

操作示意图	操作方法	操作标准
	举升车辆	按照相关安全操作规范地进行操作
	检查横向稳定杆中间与车架固定的隔振垫是否出现老化、磨损及松动	按照相关安全操作规范地进行操作
	检查横向稳定杆两端与悬架连接的拉杆球头是否出现老化、漏油及松旷	按照相关安全操作规范地进行操作
	更换拉杆球头、隔振垫	按照相关安全操作规范地进行操作

> **小提示：**
>
> 如果车辆出现以下现象：车辆在坑洼路面行驶有"咯叽咯叽"的声音，单边轮胎过减速带的时候有明显的"咯噔"声，平坦路面行驶无异常，那么很有可能是横向稳定杆隔振垫出现了问题。

(2) 横向稳定杆更换

操作示意图	操作方法	操作标准
	举升并支撑车辆	按照相关安全操作规范地进行操作

（续）

操作示意图	操作方法	操作标准
	卸下副车架和两个前下摆臂	按照相关安全操作规范地进行操作
	将横向稳定杆从副车架上拆卸下来	按照相关安全操作规范地进行操作
	安装新的横向稳定杆	按照相关安全操作规范地进行操作
	将副车架和两个前摆臂安装好	按照相关安全操作规范地进行操作

6. 前、后减振器的更换

汽车前减振器如图 3-46 所示。

图 3-46　汽车前减振器

（1）前减振器更换

操作示意图	操作方法	操作标准
	拆卸左前车轮及轴头螺栓	按照相关安全操作规范地进行操作
	拆卸固定制动分泵的螺栓，将制动分泵拆下	按照相关安全操作规范地进行操作
	拆卸下支臂固定螺栓	按照相关安全操作规范地进行操作
	拆卸转向横拉杆球头，注意不要损伤螺纹，并抽出传动轴	按照相关安全操作规范地进行操作
	用专用扳手拆下减振器的固定螺栓，注意不要损伤内六角头螺栓	按照相关安全操作规范地进行操作
	取下减振器总成，用减振器拆装专用工具分解减振器总成，检查各橡胶件是否需要更换	按照相关安全操作规范地进行操作
	用专用工具将新减振器与螺旋弹簧、各橡胶件装复在一起。注意谨慎安装，防止伤人	按照相关安全操作规范地进行操作

(续)

操作示意图	操作方法	操作标准
	将新的减振器总成按照顺序进行安装，所有螺栓和螺母的紧固力矩应该符合规定，所有自锁螺母必须更换新件	按照相关安全操作规范地进行操作
	安装传动轴和轮胎等部件，并按照相同的方法更换右前减振器	按照相关安全操作规范地进行操作

（2）后减振器更换

操作示意图	操作方法	操作标准
	拆卸左后车轮	按照相关安全操作规范地进行操作
	拆卸减振器下端与后桥的连接螺栓，可能需要使用松动剂	按照相关安全操作规范地进行操作
	用专用工具拆卸减振器上端与车身的固定螺栓	按照相关安全操作规范地进行操作
	取下减振器总成，用专用工具分解减振器总成，更换损坏的各个橡胶件	按照相关安全操作规范地进行操作
	用专用工具将新减振器与螺旋弹簧、各橡胶件装复在一起。注意谨慎安装，防止伤人	按照相关安全操作规范地进行操作

(续)

操作示意图	操作方法	操作标准
	将新的减振器总成按照顺序进行安装，所有螺栓和螺母的紧固力矩应该符合规定，所有自锁螺母必须更换新件	按照相关安全操作规范地进行操作
	安装车轮等零部件，并按照相同的方法更换右后减振器	按照相关安全操作规范地进行操作

7. 电控悬架的检查与设定

以丰田电控悬架系统（TEMS）（图 3-47）为例，进行电控悬架基本检查的内容主要有车身高度调整功能检查、减压阀检查、漏气检查和车身高度初始调整等。

（1）车身高度调整功能检查

操作示意图	操作方法	操作标准
	检查轮胎气压是否正确	按照车辆维修手册规范地进行操作
	检查汽车高度	按照车辆维修手册规范地进行操作
	起动车辆，将高度控制开关从"NORM"位置切换到"HIGH"位置	按照车辆维修手册规范地进行操作

(续)

操作示意图	操作方法	操作标准
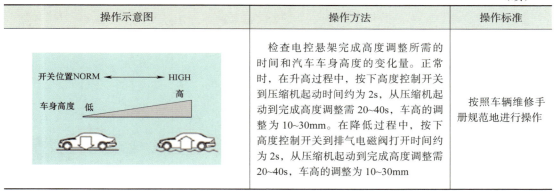	检查电控悬架完成高度调整所需的时间和汽车车身高度的变化量。正常时，在升高过程中，按下高度控制开关到压缩机起动时间约为2s，从压缩机起动到完成高度调整需20~40s，车高的调整为10~30mm。在降低过程中，按下高度控制开关到排气电磁阀打开时间约为2s，从压缩机起动到完成高度调整需20~40s，车高的调整为10~30mm	按照车辆维修手册规范地进行操作

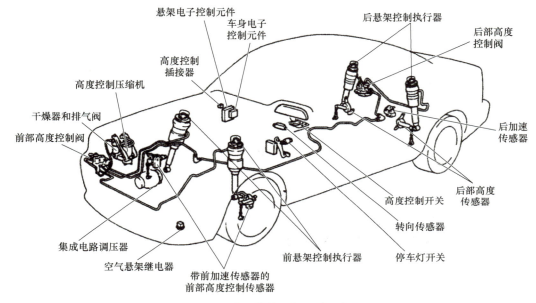

图 3-47　丰田电控悬架系统示意图

（2）减压阀检查

操作示意图	操作方法	操作标准
	打开起动开关	按照车辆维修手册规范地进行操作
	短接悬架系统高度控制插接头端子3和6，开启压缩机	按照车辆维修手册规范地进行操作

(续)

操作示意图	操作方法	操作标准
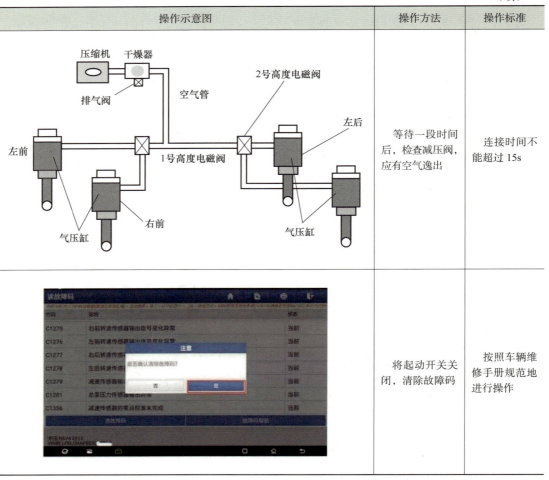	等待一段时间后，检查减压阀，应有空气逸出	连接时间不能超过15s
	将起动开关关闭，清除故障码	按照车辆维修手册规范地进行操作

（3）漏气检查

操作示意图	操作方法	操作标准
	将肥皂水涂抹在所有空气管路接头上	按照车辆维修手册规范地进行操作
	在压缩机插接器端子之间加12V电压，使压缩机运转，在空气管路中建立空气压力	按照车辆维修手册规范地进行操作

(续)

操作示意图	操作方法	操作标准
固定夹　O形密封圈 接头 单触式接头　固定架	检查空气管路接头处是否有气泡出现	如果有气泡出现，则表明有漏气现象，应进行必要的维修

（4）车身高度初始调整　车身高度初始调整是使车身初始高度处于标准范围，以避免由此引起的故障误诊断。

操作示意图	操作方法	操作标准
车身高度控制开关	将汽车停放在水平地面上，高度控制开关处于NORM位置	按照车辆维修手册规范地进行操作
前悬架车身高度传感器	通过调节悬架高度传感器的调节杆来调节前悬架高度	前悬架高度传感器的调节杆长度为53.5mm，调节杆可调极限为8mm。调节杆螺母旋转1圈，调整高差4mm；螺母在调节杆移动1mm，相应车高变化2mm
后悬架车身高度传感器	通过调节悬架高度传感器的调节杆来调节后悬架高度	后悬架高度传感器的调节杆长度为27.5mm，调节杆可调极限为11mm。调节杆螺母旋转1圈，调整高差4mm；螺母在调节杆移动1mm，相应车高变化2mm

二、竣工检验

1）清洁车辆，恢复车辆状态。

2）取下车内、外防护用品。

3）清洁并整理工具。

4）整理、恢复作业场地。

行驶系统的维护与小总成更换		工作任务单	班级：
			姓名：

1. 车辆信息记录					
品牌		整车型号		生产日期	
驱动电机型号		蓄电池电量		行驶里程	
车辆识别代号					
2. 作业场地准备					
检查设置隔离栏				□是	□否
检查设置安全警示牌				□是	□否
检查灭火器压力、有效期				□是	□否
安装车辆挡块				□是	□否
3. 高压安全防护与标准断电					

4. 行驶系统的维护与小总成更换	
悬架的检查与维护	
车轮与轮胎的检查与维护	
横向稳定杆隔振垫、横向稳定杆的更换	
前、后减振器的更换	
电控悬架的检查与设定	
5. 竣工检验	
悬架和车轮状态是否正常	□是　□否
6. 作业场地恢复	
拆卸车内三件套	□是　□否
拆卸翼子板布	□是　□否
将高压警示牌等放至原位置	□是　□否
清洁、整理场地	□是　□否

行驶系统的维护与小总成更换		实习日期：		
姓名：	班级：	学号：		教师签名：
自评：☐熟练 ☐不熟练	互评：☐熟练 ☐不熟练	师评：☐合格 ☐不合格		
日期：	日期：	日期：		

行驶系统的维护与小总成更换【评分细则】

序号	评分项	得分条件	分值	评分要求	自评	互评	师评
1	安全/7S/态度	☐1. 能进行工位7S操作 ☐2. 能进行设备和工具安全检查 ☐3. 能进行车辆安全防护操作 ☐4. 能进行工具清洁、校准、存放操作 ☐5. 能进行三不落地操作	15	未完成1项扣3分	☐熟练 ☐不熟练	☐熟练 ☐不熟练	☐合格 ☐不合格
2	专业技能能力	☐1. 能正确检查与维护悬架系统 ☐2. 能规范检查与维护车轮与轮胎 ☐3. 能正确更换横向稳定杆隔振垫、横向稳定杆 ☐4. 能规范检查与更换前、后减振器 ☐5. 能正确检查与设定电控悬架	50	未完成1项扣6分	☐熟练 ☐不熟练	☐熟练 ☐不熟练	☐合格 ☐不合格
3	使用工具及设备的能力	☐1. 能正确使用举升机和扳手等常用工具 ☐2. 能正确使用数字万用表 ☐3. 能正确使用减振器拆装专用工具	10	未完成1项扣3分	☐熟练 ☐不熟练	☐熟练 ☐不熟练	☐合格 ☐不合格
4	资料、信息查询能力	☐1. 能正确使用维修手册查询资料 ☐2. 能正确记录查询资料章节及页码 ☐3. 能正确记录所需维护信息	10	未完成1项扣3分	☐熟练 ☐不熟练	☐熟练 ☐不熟练	☐合格 ☐不合格
5	数据判断和分析能力	☐1. 能判断轮胎胎压是否正常 ☐2. 能判断底盘螺栓紧固力矩是否正常 ☐3. 能判断电控悬架参数是否正常	10	未完成1项扣3分	☐熟练 ☐不熟练	☐熟练 ☐不熟练	☐合格 ☐不合格
6	表单填写、报告撰写的能力	☐1. 字迹清晰 ☐2. 语句通顺 ☐3. 无错别字 ☐4. 无涂改 ☐5. 无抄袭	5	未完成1项扣1分	☐熟练 ☐不熟练	☐熟练 ☐不熟练	☐合格 ☐不合格

总分：

学习情境四

车身电气系统的维护与小总成更换

任务一 充电系统的维护与小总成更换

知识目标：

1）掌握充电系统的功能及对充电装置的要求。
2）掌握新能源汽车充电系统的组成。
3）掌握新能源汽车的充换电方法。
4）掌握新能源汽车充电系统的工作原理。

技能目标：

1）具有正确进行充电操作的能力。
2）具有正确检测慢充系统和快充系统的能力。
3）具有更换高压控制盒的能力。

素养目标：

1）在操作过程中树立高压安全意识。
2）通过制订故障检修流程，培养学生分析问题和解决问题的能力。
3）能在工作结束后按照 7S 管理规定整理、恢复作业场地，养成良好的工作习惯。
4）能够在工作过程中，与小组其他成员合作，具备团队合作和安全操作的意识。

【任务描述】

某新能源汽车 4S 店接修了一辆纯电动汽车，经过询问得知该车无法充电。经过修理工检查，初步判断为充电系统故障，你能正确检修充电系统的故障吗？

【获取信息】

一、新能源汽车充电系统的功能及对充电装置的要求

1. 充电系统的功能

充电系统是新能源汽车主要的能源补给系统。充电系统应具有以下功能：

1）根据动力蓄电池的实时状态控制充电的起动和停止，当动力蓄电池充满电后自动停止充电。

2）将市电进行电力变换后为电动汽车充电，供给与动力蓄电池额定条件相对应的电能。

3）根据动力蓄电池的电量和温度，控制充电电流的调节和动力蓄电池的加热。

4）可根据充电时长的需求来选择充电模式。

2. 电动汽车对充电设备的要求

电动汽车充电设备是指与电动汽车或动力蓄电池相连接，并为其提供电能的设备，是电动汽车充电最主要的设备。电动汽车对充电设备有以下基本要求：

（1）安全性　电动汽车充电时，要确保人员的人身安全和动力蓄电池的安全。

（2）使用方便　充电装置应具有较高的智能性，不需要操作人员过多干预充电过程。

（3）成本低　成本低的充电设备有助于降低整个产业的成本，提高运行效益，促进电动汽车的商业化推广。

（4）效率高　高效率是对现代充电设备最重要的要求之一，效率的高低对整个电动汽车的能量效率具有重大影响。

（5）污染小　采用电力电子技术的充电设备是一种高度非线性的设备，会对供电网及其他用电设备产生有害的谐波污染，而且由于充电设备功率因数小，在充电系统负载增加时，对其供电网的影响不容忽视。

二、新能源汽车充电系统的组成

新能源汽车充电系统主要由充电桩、充电线束、车载充电机、高压控制盒、动力蓄电池、DC/DC 变换器、辅助蓄电池以及各种高压线束和低压控制线束等组成。新能源汽车充电系统的组成如图 3-48 所示。

1. 充电桩

充电桩作为新能源汽车充电系统的配套设施，有交流充电桩和直流充电桩两种。

（1）交流充电桩　交流充电桩如图 3-49 所示，俗称"慢充"，其常见的有家用车库壁挂式充电桩、停车位桩体式充电桩和家用插座交流充电器 3 种形式。它与交流电网连接，是为电动汽车车载充电机（即固定安装在电动汽车上的充

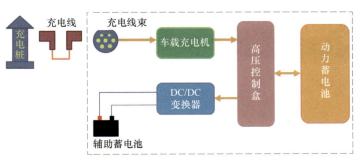

图 3-48　新能源汽车充电系统的组成

机）提供交流电源的供电装置。交流充电桩相当于只是起了一个控制电源的作用。

(2) **直流充电桩** 直流充电桩如图3-50所示，俗称"快充"，是可以为电动汽车动力蓄电池提供直流电源的供电装置。其充电方式主要是通过地面充电装置（直流充电桩）将交流电网电能（380V）转化为直流电后通过充电插接器对电动汽车进行充电。

a)

b)

c)

图3-49 交流充电桩的形式
a）壁挂式 b）桩体式 c）家用插座式

图3-50 直流充电桩

> 想一想：
>
> 直流充电桩和交流充电桩的区别有哪些？
> ＿＿＿＿＿＿＿＿＿＿
> ＿＿＿＿＿＿＿＿＿＿

2. 车载充电机

车载充电机（OBC）又称为交流充电机。安装在车上的充电机是新能源汽车慢充充电系统的重要组成部分。

(1) **车载充电机的作用** 车载充电机可将民用的220V、50Hz的交流电转换为动力蓄电池所需要的高压直流电，实现动力蓄电池的电量补充。

(2) **车载充电机的安装位置** 如图3-51所示，车载充电机主要安装在整车前机舱内。有些厂家如北汽新能源生产的EV160，将车载充电机、DC/DC变换器、高压控制盒集成为一体（称为PDU）。

(3) **车载充电机的结构** 为了保证车载充电机中各电子元件不被烧坏，其外部有直流输出端子、交流输入端子、低压通信控制端子、散热片及散热风扇。车载充电机外部结构如图3-52所示。

图3-51 车载充电机的安装位置

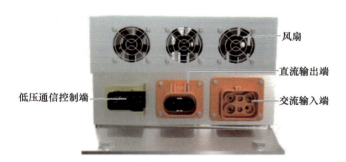

图3-52 车载充电机外部结构

1）直流输出端子。该端子通过高压控制盒与动力蓄电池连接，如图3-53所示。其中，A脚为动力蓄电池电源负极输出端子，B脚为动力蓄电池电源正极输出端子。

2）交流输入端子。该端子通过高压线与慢充充电口连接，如图3-54所示。其中，脚 1 与慢充口的 L 端（交流相线）相连接，脚 2 与慢充口的 N 端（交流零线）相连接，脚 3 与慢充口的 PE 端（地线）相连接，脚 4 为空脚，脚 5 与慢充口的 CC 端（充电连接确认线）相连接，脚 6 与慢充口的 CP 端（控制确认线）相连接。

3）车载充电机低压通信控制端子。该端子共有 16 个针脚，如图 3-55 所示。车载充电机低压通信控制端各针脚定义：脚 1 为新能源 CAN-L，脚 2 为新能源 CAN-GND，脚 5 为高压互锁输出（到高压控制盒低压插件），脚 8 为 GND（充电机搭铁线），脚 9 为新能源 CAN-H，脚 11 为 CC 信号输出（即 CC 线与 VCU 脚 36 连接，慢充连接确认线），脚 13 为高压互锁输入（来至空调压缩机低压插件），脚 15 为慢充唤醒信号线唤醒电压（为 12V），脚 16 为车载充电机电源（为 12V）。其余各脚预留或未使用。

图 3-53　直流输出端

图 3-54　交流输入端

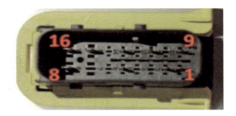
图 3-55　低压通信控制端

3. 高压控制盒

新能源汽车的电力分配装置称为高压控制盒（HCU），又称为高压配电盒。

（1）高压控制盒的作用及安装位置

高压控制盒的主要作用是完成动力蓄电池电源的输出及分配，实现对支路用电器的保护及切断。高压控制盒故障会导致整车低压电路电压过低、电动汽车没有暖风、空调压缩机不工作、充电系统故障以及整车 READY 灯不亮等故障。高压控制盒具体安装位置如图 3-56 所示。

图 3-56　高压控制盒具体安装位置

（2）高压控制盒的工作原理（图 3-57）

1）工作时。动力蓄电池提供高压电，高压控制盒将高压电分配给 DC/DC 变换器、电机控制器、PTC 加热器和空调压缩机。

2）充电时。通过驱动电机和电机控制器能量回收的高压电、车载充电机慢充、直流快充，先经过高压控制盒再充入动力蓄电池。

（3）高压控制盒的结构

1）高压控制盒外部结构。以北汽新能源高压控制盒为例，高压控制盒外部接口如图 3-58 所示。高压控制盒与外部连接分为低压控制线和高压电缆。低压控制线主要用来完成内部电路控制和数据传输。高压电缆主要分为快充线束、动力蓄电池高压电缆、电机

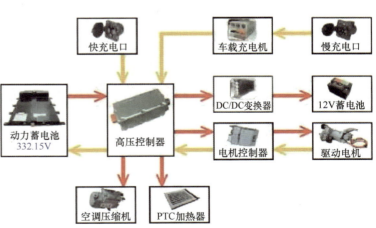
图 3-57　高压控制盒的工作原理图

控制器（MCU）电缆和高压附件线束。高压附件线束分别连接车载充电机、空调加热PTC插件、空调压缩机（EAS）插件、DC/DC变换器插件。高压电缆外表制成醒目的橙色，警告人们注意高压电。

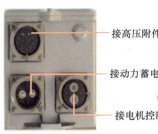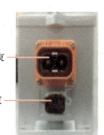

图 3-58　高压控制盒的外部接口

2）高压控制盒内部结构。高压控制盒内部主要由熔断器、控制电路和快充继电器3部分组成。高压控制盒内有4个大型熔断器，即空调加热（PTC）熔断器、空调压缩机熔断器、DC/DC变换器熔断器和车载充电机熔断器。高压控制盒内部安装有空调加热PTC控制电路板、高压互锁机构（又称为盒盖开关）。4个熔断器、空调加热PTC控制电路板以及高压互锁机构安装在高压控制盒同一层，如图3-59所示。

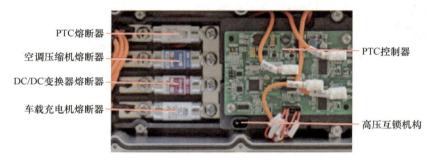

图 3-59　高压控制盒内熔断器、PTC控制电路板和高压互锁机构

在高压控制盒的底部有两个体积较大的继电器，一个是正极继电器，另一个是负极继电器，如图3-60所示。这两个继电器满足快充电路控制的需要，在接通快充桩并且车辆与快充桩识别认证正确后接通，电动汽车进入充电状态。

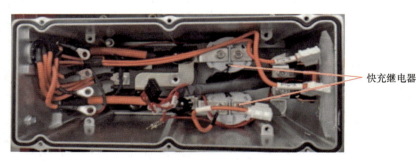

图 3-60　快充继电器

4. DC/DC 变换器

传统燃油汽车上的电源系统由蓄电池和发电机组成，发电机是由发动机驱动发电的。发电机正常工作是可以给蓄电池充电。纯电动汽车没有发动机，混合动力汽车发动机不需要一直工作，因此不能用发电机给辅助蓄电池供电。同时，车辆上除高压系统以外，所有的用电设备和控制器（包括高压系统控制器）均由辅助蓄电池供电。因此，需要DC/DC变换器对辅助蓄电池充电。

（1）DC/DC变换器的作用及安装位置　DC/DC变换器的作用是将动力蓄电池的高压

直流电转换为低压 14V 直流电，给整车低压用电系统供电及辅助蓄电池充电。DC/DC 变换器具有效率高、体积小、耐受恶劣工作环境等特点。DC/DC 变换器安装在电动汽车前机舱内，如图 3-61 所示。

图 3-61　DC/DC 变换器的安装位置

（2）DC/DC 变换器的结构

1）DC/DC 变换器外部结构。DC/DC 变换器外部与高压控制盒通过高压电缆连接，产生的低压直流电通过低压输出正极端子和低压输出负极端子与低压电路连接。DC/DC 变换器工作时通过低压控制端与 VCU 进行通信，以保证 DC/DC 变换器与整车协调工作。另外，DC/DC 变换器工作时会产生大量的热量，因此外壳会装有散热片，以便通风散热。图 3-62 所示为 DC/DC 变换器的外部结构。

2）DC/DC 变换器的内部结构。其内部结构主要分为高压输入部分、电路板和整流输出部分，如图 3-63 所示。高压输入部分主要作用是将从高压控制盒供过来的高压直流电输入 DC/DC 变换器内部。电路板主要作用是把高压直流电转换成高压交流电，再把高压交流电通过变压器降压至低压交流电，整流部分的作用是将低压交流电整流成低压直流电。

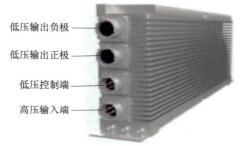

图 3-62　DC/DC 变换器的外部结构

图 3-63　DC/DC 变换器的内部结构

三、新能源汽车充电系统的充换电技术

纯电动汽车或插电式混合动力电动汽车的动力蓄电池补充电能主要是将电网的交流电转换为动力蓄电池需要的直流电。目前，给动力蓄电池进行补给的技术主要是充换电技术。充换电技术分为充电技术和换电技术。充电技术是指采用交流充电桩、车载充电机、非车载充电机等充电设备直接对电动汽车车载动力蓄电池进行充电，换电技术是指用充满电的动力蓄电池组更换汽车上需要充电的动力蓄电池组，实现电动汽车能源的快速补给。其中，充电技术可分为交流充电、直流充电和无线充电 3 种，如图 3-64 所示。交流充电技术和直流充电技术需要通过导线和充电插口与车辆进行连接，称为接触式充电。无线充电技术不需要通过任何物体与车辆进行连接，称为非接触式充电。

图 3-64　电动汽车充换电技术

> **小提示：**
>
> 充电技术与换电技术的优劣对比见表3-17。

表3-17 充电技术与换电技术的优劣对比

对比	整车充电方式	电池更换方式
优势	① 设施相对简单 ② 充电接口国家标准已出台，标准化程度极高	① 提高了车辆的使用效率，方便用户的使用 ② 更换下来的动力蓄电池可以在用电低谷时段进行充电，降低了充电成本，提高了车辆运行的经济性 ③ 解决了充电时间长、续驶里程短等难题 ④ 便于动力蓄电池组维护、管理，延长了动力蓄电池的使用寿命 ⑤ 有利于废旧蓄电池的回收和再利用
劣势	① 交流慢充充电时间长，用户使用便利性低 ② 直流快充对蓄电池使用寿命影响大 ③ 在用户随机充电的情况下对电网的负荷冲击大，降低电网运行效率和安全性	① 需配置备用动力蓄电池及专业蓄电池更换设备，设施造价较充电设备高 ② 不同车型动力蓄电池的标准化存在一定难度

（1）**交流充电** 交流充电可称为"慢充"，是指220V交流电进入车载充电机，车载充电机把220V交流电转换为300V或者更高的直流电直接储存到动力蓄电池组中，一般充电时间可长达5~10h。其充电过程如图3-65所示。

交流充电方式的优点：充电机和安装成本比较低；可充分利用电力低谷时段进行充电，充电成本低；充电效率高，可延长动力蓄电池的使用寿命。交流充电方式的缺点：充电时间过长，难以满足车辆紧急运行的需求。

（2）**直流充电** 直流充电也称为快速充电或应急充电，一般充电时间为0.5~1h。其充电方式主要是通过地面充电装置（直流充电桩）将交流电网电能（380V）转化为直流电后通过充电插接器对电动汽车进行充电。其充电过程如图3-66所示。

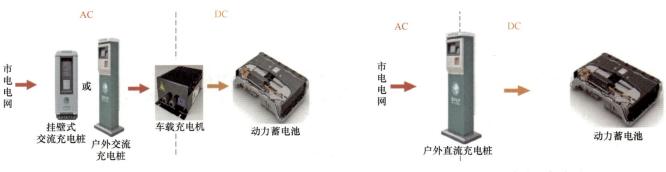

图3-65 交流充电过程　　　　　　　　　图3-66 直流充电过程

> **头脑风暴：**
>
> "快充"实际并不快，而且会缩短动力蓄电池的使用寿命。
> 目前，电动汽车使用最多的是锂离子蓄电池。锂元素是比钠还要活跃的金属元素，快充易

使锂元素太过活跃，从而使蓄电池中的电解液发生沉淀，产生气泡，也就是平常人们所看到的蓄电池身上易凸起"小包"，摸上去有手感发热等情况，严重的会导致蓄电池爆炸等安全事故，因此充电电流不宜过大。目前，市面上各大厂商都在宣传其电动汽车快速充电时间在 10min 左右，实际上都不现实。以 BYD E6 纯电动汽车为例，这款电动汽车采用磷酸铁锂离子蓄电池，其快速安全充电模式充电时间需要 2h。

（3）无线充电　如图 3-67 所示，无线充电不需要电源插座或充电电缆。无线充电共有电磁感应式充电、磁场共振充电和无线电波式充电 3 种方式。

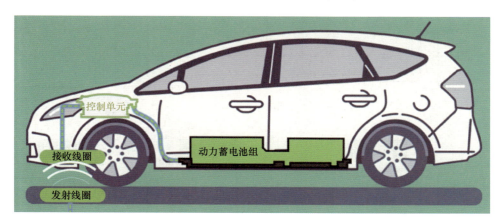

图 3-67　无线充电技术

（4）换电技术　换电技术是一种动力蓄电池快速更换的方式，即在动力蓄电池更换站内用电量充足的动力蓄电池替换电量不足的动力蓄电池。这样，可有效克服现阶段动力蓄电池性能的限制，为电动汽车的运行创造有利条件。根据应用车型的不同，动力蓄电池更换技术可分为商用车换电技术和乘用车换电技术，如图 3-68 所示。

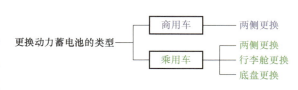

图 3-68　更换动力蓄电池的类型

两侧更换、行李舱更换基本上是半自动为主，底盘换电速度很快，可实现全自动换电，目前底盘换电时间可控制在 3min 内。

四、新能源汽车充电系统的工作原理

1. 交流充电工作原理

以吉利帝豪 EV450 纯电动汽车为例，使用交流充电桩对车辆充电，其交流充电电路如图 3-69 所示。供电控制装置安装在交流充电桩内。车辆控制装置在有些纯电动汽车上集成在车载充电机内或是集成在 VCU 中。电阻 RC、R4 和开关 S3 安装在车端的交流充电枪内。

其充电过程如下：

（1）充电桩与充电枪连接　充电桩端端子 PE 首先接触，随后充电桩端端子 LN 连接，接着充电桩端端子 CC、CP 连接。检测点 4 与搭铁导通，充电桩端通过 CC 信号确认充电枪已连接，如图 3-70 所示。

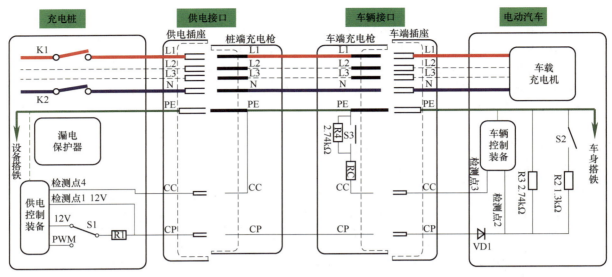

图 3-69　交流充电电路

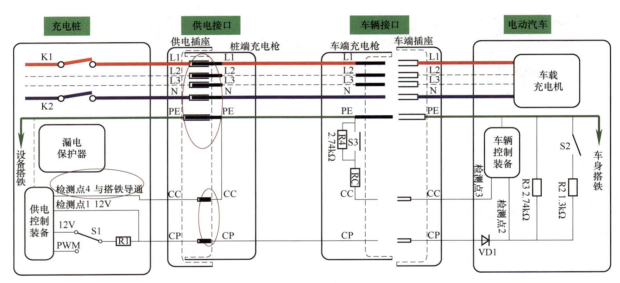

图 3-70　充电桩与充电枪连接

（2）车辆端交流充电接口与充电枪连接　端子 PE 先接触，之后端子 L、N 接触，接着端子 CC、CP 接触，开关 S3 处于断开状态，检测点 3 检测到与搭铁之间的电阻为 RC+R4 的阻值时，判断充电枪为半连接状态。当车辆端交流充电接口与充电枪完全连接时，开关 S3（车端充电枪解锁按键弹起）闭合，检测点 3 检测到与搭铁之间的电阻为 RC 的阻值时，判断充电枪为完全连接状态，如图 3-71 所示。

（3）确认充电连接装置完全连接　开关 S1 与供电控制装置（12V）电源端连接。充电枪两端均与充电桩和充电接口连接完成，则接通从供电控制装备到车身搭铁电路，电路为供电控制装备（12V）→开关 S1 → R1 →二极管 VD1 → R3 →搭铁。此时检测点 1 检测到电压约为 9V，充电桩检测到充电枪已连接。然后车辆控制装置将开关 S1 由 12V 常电端转换到 PWM 端连接。PWM 端发出 9V 的占空比电压信号，当检测到检测点 1、2 均有 9V 占空比信号时，车辆控制装备确认充电连接完成，充电设备进入准备就绪状态，如图 3-72 所示。

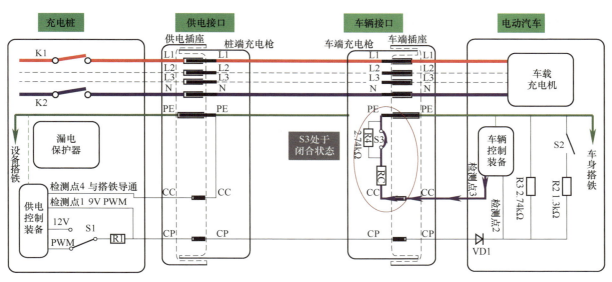

图 3-71　车辆端与充电枪连接

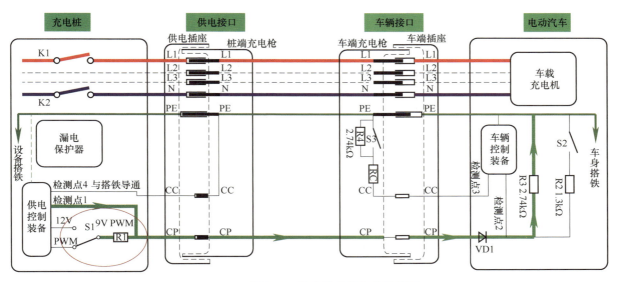

图 3-72　充电设备进入就绪状态

（4）请求充电　车载充电机根据动力蓄电池的充电需求，在动力蓄电池和车载充电机均无故障时，闭合 S2 继电器。充电桩端检测点 1 会从 9V PWM 波信号变为 6V PWM 波信号，充电桩检测到该信号，确认车辆准备就绪，请求充电，如图 3-73 所示。

（5）充电开始　充电桩检测到请求充电后，闭合继电器 K1、K2 给车辆端供电，如图 3-74 所示。

2. 直流充电工作原理

直流充电电路如图 3-75 所示。电路中的辅助电源和非车载充电机控制器集成在直流充电桩内，电阻 R2、R3 和开关 S 安装在直流充电枪内，开关 S 为常闭开关，电阻 R4 安装在车辆直流充电接口内。车辆控制器在有些车型上集成在电源管理系统中，可以控制开关 K5、K6 的通断；开关 K5、K6 安装在高压控制盒内。电阻 R1~R5 的电阻值为 1000Ω。

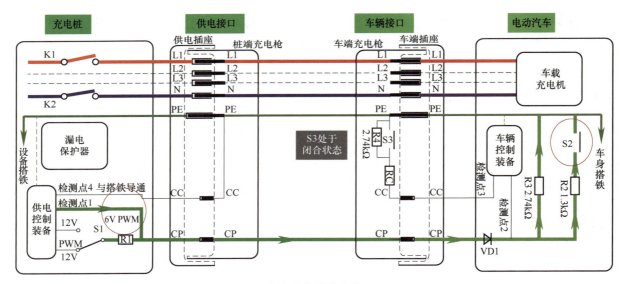

图 3-73 充电设备请求充电

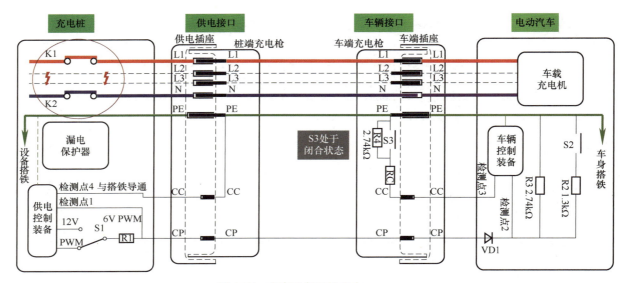

图 3-74 充电设备开始充电

（1）车辆直流充电接口连接确认　非车载充电机控制器检测检测点 1 的电压值。当直流充电枪未接入时，直流充电枪上的开关 S 处于闭合状态，检测点 1 的电压为 6V。直流充电枪上的开关 S 被压开时，该点电压为 12V。接入直流充电枪而开关 S 仍断开时，检测点 1 的电压为 6V，开关 S 回弹闭合后，检测点 1 的电压为 4V。此时，直流充电桩确认充电枪完全接入直流充电接口，随即非车载充电机控制器控制开关 K3、K4 闭合，直流充电桩内的低压辅助电源开始通过开关 K3、K4 给车辆控制器供电。

车辆控制器通过检测检测点 2 的电压判断车辆与充电枪的连接情况。当直流充电枪未接入时，该点电压为 12V；直流充电枪连接完成后，该点电压变为 6V。此时，车辆控制器确认直流充电枪与直流充电接口连接完成。非车载充电机控制装置控制电子锁锁定充电枪，使其不能从直流充电接口处断开。

（2）非车载充电机控制器自检　直流充电接口连接完成后，非车载充电机控制器控制开关 K1、K2 闭合，非车载充电机控制器通过 IMD（绝缘表）对充电桩内到高压控制盒处的 DC+、DC- 两根充电电缆进行对地绝缘检测。自检通过后，断开开关 K1、K2，然后通过泄放电路将 DC+、DC- 上的残余电释放掉。

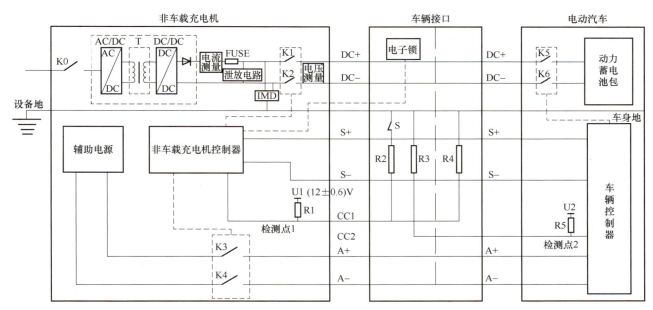

图 3-75　直流充电桩与车辆的典型电路原理图

（3）充电开始　车辆端由车辆控制器控制开关 K5、K6 闭合，非车载充电机控制器检测到动力蓄电池电压正常后，控制开关 K0、K1、K2 闭合，使直流供电回路导通，开始对动力蓄电池充电。

（4）充电过程检测　在充电过程中，车辆控制装置向非车载充电机控制装置实时发送动力蓄电池充电需求参数。非车载充电机控制装置相应调整充电电压和充电电流，并相互发送各自的状态信息（充电桩输出电压电流、动力蓄电池电压、电流、SOC 值等）。

（5）充电结束　正常条件下的充电结束分为两种情况：一种是车辆达到充电结束条件，如动力蓄电池已充满电；另一种是充电桩达到了充电结束条件，如操作人员进行了充电结束刷卡。车辆控制装置开始周期发送蓄电池管理系统终止充电报文，并断开开关 K5 和 K6。非车载充电机控制器周期发送充电机终止充电报文，并控制充电机停止充电，在确认充电电流小于 5A 后断开开关 K0、K1 和 K2，将充电机的输出电压投入泄放电路避免对操作人员造成电击伤害，最后断开开关 K3 和 K4，解锁电子锁。此时可拔出充电枪，完成充电。

五、充电操作及相关注意事项

1. 直流和交流充电桩的使用步骤

1）将车辆停放平稳，将电动汽车的电源档位退至"OFF"档（起动开关按钮上的绿灯不亮），拉紧驻车制动器手柄。

2）打开电动汽车充电盖板（交流充电接口一般位于左后轮侧，直流充电接口一般位于车辆前格栅位置），如图 3-76 所示。

3）检查充电枪有无破损现象，连接车辆与充电桩。首先，双手紧握充电枪，右手大拇指按下充电枪上的红色按钮，拔下充电枪。然后，一手紧握充电枪手柄，另一手拉充电枪电缆线。最后，把充电枪口对齐充电接口后插入，听到"咔"的响声，代表卡扣已经卡到卡槽中，确认已连接完成。具体操作如图 3-77 所示。

图 3-76　交流充电接口和直流充电接口的位置

4）检测仪表上充电枪连接指示灯是否亮起，如图 3-78 所示。

   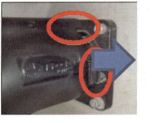

图 3-77　充电枪与车辆连接　　　　　　　图 3-78　充电枪连接指示灯

5）刷卡选择充电模式，起动充电，观察仪表充电界面显示内容是否正常。

6）停止充电。动力蓄电池电量充满后，行车计算机的显示屏自动亮起，蜂鸣器鸣响提示电量已经充满，10s 后屏幕熄灭，如图 3-79 所示。

7）拔下充电枪，插回到充电盒或充电柜上。

8）关闭直流充电接口盖。

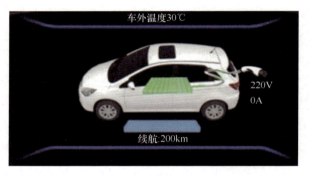

图 3-79　满电显示

9）充电完成。

2. 充电注意事项

1）雷雨天气不能进行户外充电。

2）不要用湿手或站在水里连接、断开充电枪。

3）不建议使用快速充电将动力蓄电池充至满电。

4）连接充电枪时，需按下按钮再慢慢接入接口。

5）直流充电枪内含电子锁，在控制端未结束充电时不能强行拔下充电枪。

6）不要用力拉或者扭转充电电缆。

7）充电时，电源档位需处于"OFF"档，电源处于"OK"档时不能充电，禁止电源处于"OK"档时充电。

8）停止充电时，应先将充电柜或充电桩关闭，再断开充电插接器。

9）如果车辆长时间不使用，为了延长动力蓄电池的使用寿命，建议每 3 个月充电 1 次。

> **小提示：**
> 蓄电池管理系统随时都在检测动力蓄电池的工作状态，当单体蓄电池的温度在 0~55℃ 之间时才可以进行充电。

充电系统的维护与小总成更换	学习任务单	班级：
		姓名：

1. 新能源汽车充电系统主要由充电桩、充电线束、_____、_____、动力蓄电池、_____、辅助蓄电池以及各种高压线束和低压控制线束等组成。

2. _____和_____需要通过导线和充电插口与车辆进行连接，称为接触式充电。无线充电技术不需要通过任何物体与车辆进行连接，称为_____。

3. 无线充电不需要电源插座或充电电缆。无线充电方式共有3种形式，分别为_____。

4. _____通过车载充电机将220V交流电转换为车辆充电所需的高压直流电，通过高压控制盒将高压直流电输送给动力蓄电池。

5. 直流充电也称为_____，一般充电时间为_____。

【任务实施】 充电系统的维护与小总成更换

扫一扫

高压控制盒的更换

【实训器材】

北汽EV160纯电动汽车、故障诊断仪、万用表、专用及通用工具、绝缘防护装备和维修手册等。

【作业准备】

1）对于拆装车辆，设置安全隔离区域，如图3-80所示，用电工专用1m反光警示带或者安全隔离伸缩围栏设置隔离线，悬挂警示标识，并在车顶放置"高压危险，请勿靠近"的安全警示牌。

2）操作前，检查并戴安全帽、防护眼镜和防护手套，穿防护鞋和防护服等防护用品，并持安全生产监督管理局颁发的有效期内的电工操作证。

3）检查绝缘万用表和绝缘工具等设备。

4）实施车辆防护。安装塑料座套、脚垫和护垫等汽车防护用品。

图3-80 作业前准备

【操作步骤】

一、确认故障现象

打开起动开关，起动车辆，READY指示灯不亮，动力蓄电池红色断开指示灯亮起，系统故障指示灯红色持续亮,蓄电池警告灯亮起,车辆直流充电与交流充电系统均无法正常使用,如图 3-81 所示。

图 3-81　故障现象

二、利用故障诊断仪诊断故障

连接故障诊断仪,读取故障码。车辆下电后,清除故障码;车辆再次上电,使用故障诊断仪再次读取故障码,并与之前的故障码进行对比,分析故障码的性质。故障码显示高压控制盒模块未显示故障。

三、故障检查及排除

1. 交流充电系统的检查

(1) 交流充电充电线及充电枪检查

操作示意图	操作方法	操作标准
	检查充电线及充电枪的外观	无裂纹、破损等
	用万用表测量车端充电枪端子 CC 与 PE 之间的电阻值,然后按下交流充电枪开关,旧国标充电枪万用表应显示为无穷大,新国标万用表显示电阻值为 RC 的电阻值 +R4 的电阻值(2740Ω);闭合开关后,恢复正常电阻值,否则充电插头开关损坏	电阻值应在标准电阻范围内

（续）

操作示意图	操作方法	操作标准
	将充电线一端与交流充电桩或电源端连接完成后，使用万用表测量车端充电枪端子 CP 与 PE 之间的电压	应为 12V 左右，否则充电线内 CP 或 PE 电路故障

（2）交流充电口检查

操作示意图	操作方法	操作标准
	检查交流充电口	无裂纹、破损等
	用万用表测量交流充电口端子 CC 与 CP 之间的电压	电压应为辅助蓄电池电压，否则端子 CC 供电不正常，检查交流充电口端子 CC 电源供电电路是否有故障

小提示：

我国采用的七针交流充电接口各端子的定义如图 3-82 所示。

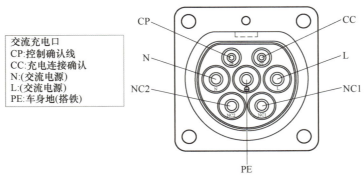

图 3-82　交流充电接口各端子的定义

2. 直流充电系统的检查

（1）直流充电充电线及充电枪检查

操作示意图	操作方法	操作标准
	检查直流充电线及直流充电插头外观	无裂纹、破损等
	使用万用表测量直流充电枪端子 CC2 与 PE 之间的电阻值	其电阻应为 1000Ω 左右，否则端子 CC2 与 PE 之间的电阻或电路损坏
	使用万用表测量直流充电枪端子 CC1 与 PE 之间的电阻值	其电阻应为 1000Ω 左右，否则端子 CC1 与 PE 之间电阻或电路损坏；然后按下快充枪开关，万用表应显示为无穷大，闭合开关后，恢复正常电阻值，否则直流充电枪开关损坏
	使用万用表测量 S+ 和 S- 对地电压	其电压均为 2.5V 左右，否则说明直流充电枪或直流充电桩内直流充电 CAN 网络故障

（2）直流充电口检查

操作示意图	操作方法	操作标准
	使用万用表测量端子 CC1 与 PE 之间的电阻值	应为 1000Ω 左右，否则，直流充电口端子 CC1 至 PE 电阻或电路损坏
	检查直流充电 CAN 网络终端电阻，使用万用表测量 S+ 与 S−	其电阻值应为 120Ω，否则终端电阻故障

> **小提示：**
>
> 我国采用的九针直流充电接口各端子的定义如图 3-83 所示。

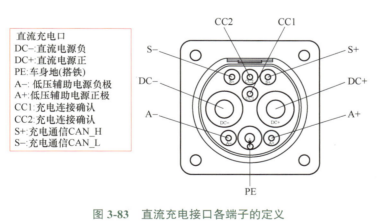

直流充电口
DC−:直流电源负
DC+:直流电源正
PE:车身地(搭铁)
A−:低压辅助电源负极
A+:低压辅助电源正极
CC1:充电连接确认
CC2:充电连接确认
S+:充电通信CAN_H
S−:充电通信CAN_L

图 3-83　直流充电接口各端子的定义

（3）直流充电口绝缘检测

操作示意图	操作方法	操作标准
	用绝缘万用表检测直流充电接口端子 DC+ 与车身之间的绝缘电阻	绝缘电阻应大于 2.5MΩ

163

（续）

操作示意图	操作方法	操作标准
	用绝缘万用表检测直流充电接口端子 DC- 与车身之间的绝缘电阻	绝缘电阻应大于 2.5MΩ

3. 高压控制盒的更换

操作示意图	操作方法	操作标准
	拔下高压控制盒前部的直流充电线束、低压线束和后部的 3 个高压线束	注意正确插拔插接器
	拆卸固定螺栓	按对角线方向
	取下高压控制盒	注意对周围部件做好保护

小提示：

如图 3-84 所示，在进行高压控制盒更换时应注意以下事项：

1）确认车钥匙处于 LOCK 档位，断开低压 12V 蓄电池负极线并用绝缘胶带进行绝缘处理，防止与蓄电池正极接触。

2）将动力蓄电池维修开关取下并妥善保管。

图 3-84　高压控制盒的更换

四、竣工检验

1）连接12V铅酸蓄电池负极电缆。
2）起动车辆,检查车辆功能是否正常。
3）整理、恢复作业场地。

充电系统的维护与小总成更换	工作任务单	班级：	
		姓名：	

1. 车辆信息记录

品牌		整车型号		生产日期	
驱动电机型号		蓄电池电量		行驶里程	
车辆识别代号					

2. 作业场地准备

检查设置隔离栏及安全警示牌	□是 □否
检查灭火器压力、有效期	□是 □否
安装车辆挡块	□是 □否

3. 记录故障现象

4. 使用故障诊断仪读取故障码、数据流

故障码	
数据流	

5. 写出高压控制盒的拆卸步骤

6. 故障检测

检测对象	检测条件	检测值	标准值	结果判断

7. 故障确认

故障点	故障类型	维修措施

8. 竣工检验

车辆是否正常上电	□是 □否
车辆是否正常切换档位	□是 □否

9. 作业场地恢复

拆卸车内三件套	□是 □否
拆卸翼子板布	□是 □否
将高压警示牌等放至原位置	□是 □否
清洁、整理场地	□是 □否

充电系统的维护与小总成更换		实习日期：	
姓名：	班级：	学号：	教师签名：
自评：☐熟练 ☐不熟练	互评：☐熟练 ☐不熟练	师评：☐合格 ☐不合格	
日期：	日期：	日期：	

充电系统的维护与小总成更换【评分细则】

序号	评分项	得分条件	分值	评分要求	自评	互评	师评
1	安全/7S/态度	☐1. 能进行工位7S操作 ☐2. 能进行设备和工具安全检查 ☐3. 能进行车辆安全防护操作 ☐4. 能进行工具清洁、校准、存放操作 ☐5. 能进行三不落地操作	15	未完成1项扣3分	☐熟练 ☐不熟练	☐熟练 ☐不熟练	☐合格 ☐不合格
2	专业技能能力	☐1. 能正确确认故障现象 ☐2. 能规范拆卸高压控制盒高、低压线束插接器 ☐3. 能正确检测交流充电线及充电枪 ☐4. 能正确检测直流充电线及充电枪 ☐5. 能正确检测直流充电口绝缘电阻 ☐6. 能对交流充电口和直流充电口就车检查 ☐7. 能规范地拆卸高压控制盒 ☐8. 能规范地对车辆进行快充和慢充	50	未完成1项扣6分	☐熟练 ☐不熟练	☐熟练 ☐不熟练	☐合格 ☐不合格
3	使用工具及设备的能力	☐1. 能正确使用故障诊断仪 ☐2. 能正确使用绝缘万用表 ☐3. 能正确使用交流充电桩和直流充电桩	10	未完成1项扣3分	☐熟练 ☐不熟练	☐熟练 ☐不熟练	☐合格 ☐不合格
4	资料、信息查询能力	☐1. 能正确查询线束插接器端子含义 ☐2. 能正确使用维修手册查询资料 ☐3. 能正确记录查询资料章节及页码 ☐4. 能正确记录所需维修信息	10	未完成1项扣3分，扣分不得超过10分	☐熟练 ☐不熟练	☐熟练 ☐不熟练	☐合格 ☐不合格
5	数据判断和分析能力	☐1. 能判断交流充电线及充电枪是否正常 ☐2. 能判断直流充电线及充电枪是否正常 ☐3. 能判断交流充电接口和直流充电接口是否正常 ☐4. 能判断直流充电接口绝缘电阻是否正常	10	未完成1项扣3分，扣分不得超过10分	☐熟练 ☐不熟练	☐熟练 ☐不熟练	☐合格 ☐不合格
6	表单填写、报告撰写的能力	☐1. 字迹清晰 ☐2. 语句通顺 ☐3. 无错别字 ☐4. 无涂改 ☐5. 无抄袭	5	未完成1项扣1分	☐熟练 ☐不熟练	☐熟练 ☐不熟练	☐合格 ☐不合格

总分：

任务二　洗涤系统的维护与小总成更换

【学习目标】

知识目标：
1）掌握洗涤液的基本组成。
2）掌握洗涤液的基本特性。

技能目标：
1）具有正确进行刮水器洗涤系统操作的能力。
2）具有进行洗涤喷嘴及管路检查调整的能力。
3）具有对前照灯清洗系统进行检查的能力。
4）具有对洗涤液的冰点进行测量的能力。
5）具有对刮水片进行调整和清洁更换的能力。
6）具有设置刮水器维修位置的能力。

素养目标：
1）在操作过程中树立高压安全意识。
2）通过制订故障检修流程，培养学生分析问题和解决问题的能力。
3）能在工作结束后按照 7S 管理规定整理、恢复作业场地，养成良好的工作习惯。
4）以郑州暴雨情况下开车出行的安全问题引导学生讨论，培养学生雨天道路安全意识。

【任务描述】

一辆 2018 年款吉利 EV450 纯电动汽车被送到 4S 店维护。请根据电动汽车维护的需求，完成刮水器洗涤系统的维护工作。

【获取信息】

一、认识刮水器洗涤系统

汽车上用来自动清洁前风窗玻璃的装置称为刮水器洗涤系统，其主要功用如下：

1）在雨天刮拭前风窗玻璃上的雨水，以保证驾驶人拥有良好的驾驶视野。

2）在雪天刮拭落在前风窗玻璃上的雪花，以保证驾驶人的视野。

3）在晴朗天气时，通过刮刷由洗涤器喷射到风窗玻璃上的洗涤液，来清洁附着在风窗玻璃上的泥、沙、灰尘，甚至昆虫或其他杂物。

想一想：

如果没有刮水器洗涤系统，会对汽车的日常驾驶有何影响？

刮水器的功能是将玻璃表面的雨水（或洗涤液）抹平形成均一的水膜层，使光线顺利穿过，不会产生折射和弯曲变形，如图3-85所示。

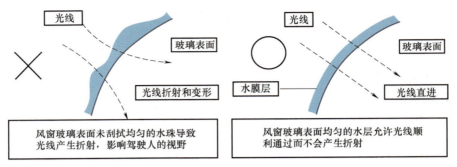

图 3-85 刮水器的功能

时事热点讨论：

2021年7月17日，河南省遭遇极端强降雨，7月20日郑州市遭受特大暴雨灾害，造成人员伤亡和财产损失。

在暴雨情况下开车出门应该注意些什么？如何避免因暴雨造成的视野不清晰的情况？

二、对刮水器洗涤系统的要求

在正常情况下，刮水器洗涤系统用于雨雪天气刮拭雨水或雪花。为了确保汽车安全行驶，刮水器洗涤系统必须满足以下要求：

1）能够满足法规中对于覆盖率的要求，以确保驾驶人的视野清晰，能够在雨雪天气安全行驶。

2）为适应不同雨量的情况，刮水器应至少具备两种刮刷频率，低速刮刷频率≥20次/min，高速刮刷频率≥45次/min，高、低速刮刷频率之差应≥15次/min。

3）为避免刮水片遮挡驾驶人视野，刮水器关闭后，刮水片应能自动返回初始位置。

4）应使用可靠。刮水器（除胶条外）经过150万次刮刷循环后，应仍具有工作能力。胶条耐久性应≥50万次刮刷循环。洗涤电动机在常温下的耐久性为2.5万个周期。

5）维修简单。

三、洗涤液

一般可使用硬度为205g的软水作为洗涤液，冬天须加低温洗涤液。一般根据环境温度来调整洗涤液的溶液比例。在夏季气温较高，一般可加入浓度为48%左右的甲醇，因为甲醇可以与风窗玻璃上的沉积物发生反应，具有较强的清洗作用。冬天气温较低，一般需加入浓度为50%左右的乙醇，可以将洗涤液的冰点降到-20℃左右，以避免在冬天洗涤液结冰。

洗涤系统的维护与小总成更换	学习任务单	班级：
		姓名：

1. 刮水器洗涤系统能够实现_____、_____、_____、_____4 种控制模式。

2. 下图中所测量的冰点是_____℃。

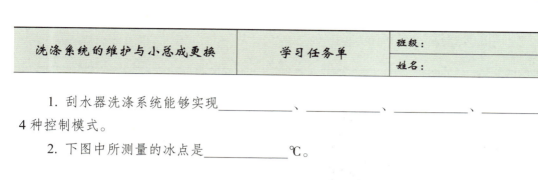

3. 写出下图中数字所指模块的名称。

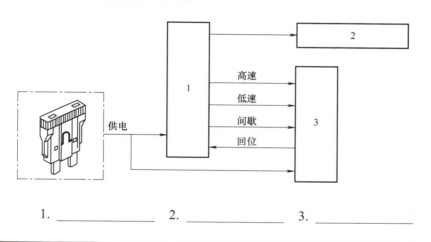

1._____ 2._____ 3._____

 **洗涤系统的维护与小总成更换**

【实训器材】

吉利 EV450 纯电动汽车、冰点检测仪、常用工具和维修手册等。

【作业准备】

检查举升机，将车辆在工位停放周正，铺好车内和车外护套。

扫一扫

洗涤系统的维护与小总成更换操作

一、确认使用功能正常

起动车辆，操作刮水器组合开关喷射洗涤液并起动刮水器进行刮拭，观察车辆是否正确喷射洗涤液并进行刮拭。

二、刮水器洗涤系统的维护

操作示意图	操作方法	操作标准
	刮水器维修位置的设置： 1）打开起动开关 2）向下动作一下刮水器组合开关 3）观察刮水片是否停在维修位置 4）关闭起动开关	刮水片应能够正确地停在维修位置，避免刮水器臂与发动机舱盖干涉
	刮水片的拆卸： 1）断开辅助蓄电池负极电缆连接 2）抬起刮水器臂 3）往中间按住刮水片两边固定卡扣，向下翻转，从刮水器臂上取下刮水片	抬起刮水器臂不会与发动机舱盖接触，刮水片没有刮伤，卡扣没有折断，正常取下刮水片
	刮水片的清洁： 对刮水片胶条进行打磨或清洗擦拭	动作幅度适中，打磨均匀无裂痕
	刮水片的更换与安装： 1）将刮水片安装到刮水器臂上，往中间按住刮水片两边固定卡扣，向上翻转刮水片，使刮水片安装牢固 2）轻轻放下刮水器臂 3）连接蓄电池负极电缆	刮水片能够贴合风窗玻璃，放下刮水器臂时动作要轻，不要压坏风窗玻璃
	洗涤液液位的检查： 目视检查洗涤液液位	洗涤液液位应在规定的范围内，如果液位低，应进行添加

(续)

操作示意图	操作方法	操作标准
	在洗涤喷嘴内插入一根与风窗玻璃洗涤喷嘴相匹配的钢丝，以便调整喷洒的方向	对准喷嘴，以便喷水器喷洒的洗涤液落在刮水片刮水范围的中间
	如果喷射压力不足，有可能是洗涤管路漏液，需进行目视检查。如有漏液现象，则需更换洗涤管路	更换之后应不漏液
	使用冰点检测仪测量洗涤液的冰点： 1）取少许洗涤液涂于冰点检测仪观测口上 2）用眼睛直接观测冰点检测仪，在观测口中将显示洗涤液冰点 3）观测口中有明显的蓝白分界线，上部为蓝色，下部为白色，分界线对应的刻度为测量的结果	根据当地所在的季节及环境，确定是否需要调整洗涤液的冰点
	前照灯清洗系统的检查：打开近光灯	近光灯正常打开
	打开远光灯	远光灯正常打开

(续)

操作示意图	操作方法	操作标准
	将刮水器组合开关按压5s，打开前照灯清洗功能	按压时间不要过长，功能打开即可松手
	检查常见洗涤喷嘴漏水点	如有漏水，需要更换
	检查前照灯洗涤喷嘴能否回位	前照灯洗涤喷嘴应能正常回位

三、竣工检验

1）起动车辆，验证刮水器洗涤功能。

2）整理、恢复作业场地。

洗涤系统的维护与小总成更换		工作任务单	班级：	
			姓名：	
1. 车辆信息记录				
品牌		整车型号		生产日期
驱动电机型号		蓄电池电量		行驶里程
车辆识别代号				
2. 作业场地准备				
检查设置隔离栏				□是 □否
检查设置安全警示牌				□是 □否
检查灭火器压力、有效期				□是 □否
安装车辆挡块				□是 □否

(续)

3. 确认刮水器洗涤系统正常使用功能，记录使用现象		
4. 刮水器系统的维护		
刮水器片是否停留在停靠位置	□是 □否	
刮水器片是否需要更换	□是 □否	
5. 洗涤系统的维护		
是否需要加注洗涤液	□是 □否	
洗涤喷嘴是否需要调整	□是 □否	
洗涤液的冰点测量	冰点：	是否需要调整洗涤液：□是 □否
前照灯清洗系统检查	□正常 □不正常	
6. 竣工检验		
车辆是否正常上电	□是 □否	
车辆刮水器洗涤系统是否正常工作	□是 □否	
7. 作业场地恢复		
拆卸车内三件套	□是 □否	
拆卸翼子板布	□是 □否	
将高压警示牌等放至原位置	□是 □否	
清洁、整理场地	□是 □否	

洗涤系统的维护与小总成更换		实习日期：			
姓名：	班级：		学号：		教师签名：
自评：□熟练 □不熟练	互评：□熟练 □不熟练		师评：□合格 □不合格		
日期：	日期：		日期：		

洗涤系统的维护与小总成更换【评分细则】

序号	评分项	得分条件	分值	评分要求	自评	互评	师评
1	安全/7S/态度	□ 1. 能进行工位 7S 操作 □ 2. 能进行设备和工具安全检查 □ 3. 能进行车辆安全防护操作 □ 4. 能进行工具清洁、校准、存放操作 □ 5. 能进行三不落地操作	15	未完成1项扣3分	□熟练 □不熟练	□熟练 □不熟练	□合格 □不合格
2	专业技能能力	□ 1. 能正确确认刮水器洗涤系统功能 □ 2. 能正确进行刮水片的拆装与清洁 □ 3. 能正确进行洗涤液液面的检查 □ 4. 能正确进行洗涤喷嘴的调整 □ 5. 能正确检测洗涤液的冰点 □ 6. 能正确进行前照灯清洗系统的检查	50	未完成1项扣6分	□熟练 □不熟练	□熟练 □不熟练	□合格 □不合格
3	使用工具及设备的能力	□ 1. 能正确使用冰点检测仪 □ 2. 能正确使用设备加注洗涤液	10	未完成1项扣3分	□熟练 □不熟练	□熟练 □不熟练	□合格 □不合格

(续)

序号	评分项	得分条件	分值	评分要求	自评	互评	师评
4	资料、信息查询能力	□1. 能正确查询洗涤液的配比信息 □2. 能正确使用维修手册查询资料 □3. 能正确记录查询资料章节及页码 □4. 能正确记录所需维护信息	10	未完成1项扣3分，扣分不得超过10分	□熟练 □不熟练	□熟练 □不熟练	□合格 □不合格
5	数据判断和分析能力	□1. 能判断刮水片是否需要清洁或更换 □2. 能判断洗涤液液面是否正常 □3. 能判断洗涤液的冰点	10	未完成1项扣3分	□熟练 □不熟练	□熟练 □不熟练	□合格 □不合格
6	表单填写、报告撰写的能力	□1. 字迹清晰 □2. 语句通顺 □3. 无错别字 □4. 无涂改 □5. 无抄袭	5	未完成1项扣1分	□熟练 □不熟练	□熟练 □不熟练	□合格 □不合格

总分：

任务三　照明信号系统的维护与小总成更换

知识目标：

1）掌握前照灯的基本组成。

2）掌握灯泡的类型及其基本特性。

技能目标：

1）具有正确进行全车灯光（含内外部）功能操作与检查的能力。

2）具有进行照明信号系统低压线束及接插件清洁度、腐蚀、紧固检查的能力。

3）具有对灯泡进行更换的能力。

4）具有对前照灯进行调整的能力。

素养目标：

1）在操作过程中树立高压安全意识。

2）通过制订故障检修流程，培养学生分析问题和解决问题的能力。

3）能在工作结束后按照 7S 管理规定整理、恢复作业场地，养成良好的工作习惯。

4）以夜晚开车出行的安全问题引导学生讨论，培养学生夜间道路安全意识。

一辆 2018 款吉利 EV450 纯电动汽车被送到 4S 店进行维护。请根据电动汽车维护的需求，完成照明信号系统的维护工作。

【获取信息】

一、认识汽车照明系统

汽车照明系统的作用是照明道路、标示车辆宽度、照明车厢内部、指示仪表以及辅助夜间车辆检修。汽车照明系统按安装位置及用途可分为车外照明装置和车内照明装置,如图3-86所示。

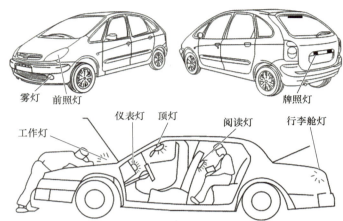

图3-86 汽车照明系统

二、认识汽车信号系统

汽车信号系统的作用是在转弯、制动、会车、停车、倒车等工况下,以警示行人和其他车辆。汽车信号系统包括转向信号灯、制动信号灯、倒车信号灯、STOP停止灯、第三制动灯等,如图3-87所示。

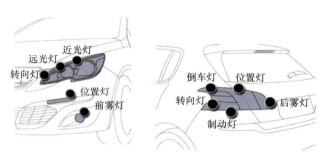

图3-87 汽车信号系统

三、汽车灯泡的种类

目前,汽车上常使用的灯泡一般为卤素灯,部分车型采用氙气灯或LED灯。

1. 卤素灯

卤素灯是在灯泡内渗入少量的惰性气体碘(或溴),一般比传统的白炽灯使用寿命更长,亮度更大。现在汽车普遍采用的是卤素灯。

卤素灯有其独特的配光结构,如图3-88所示。每只灯内有两组灯丝,一组是主光束灯丝,发出的光经灯罩反射镜反射后径直向前射去,这种光源就是远光;另一组是偏光束灯丝,发出的光被遮光板挡到灯罩反射镜的上半部分,其反射出去的光线朝下漫射向地面,不会给对面来车的驾驶人造成眩目,这种光源就是近光。

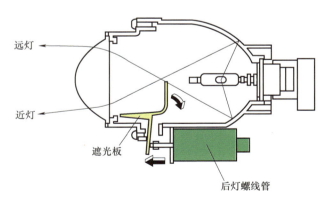

图3-88 卤素灯的配光结构

2. 氙气灯

氙气灯也称为高强度(气体)放电灯(High Intensity Discharge Lamp),简称HID灯。氙气灯的结构如图3-89所示。氙气灯采用低能耗、高亮度的高效气体放电灯泡,由于灯泡内充有氙气。它所发出的光照亮度是普通卤素灯的2~3倍,而能耗仅为其2/3,使用寿命可达普通卤素灯的10倍。

3. LED灯

LED(Light Emitting Diode)即发光二极管,是一种固态的半导体器件。当在LED的

PN结上加正向电压时，使P区的空穴注入N区、N区的电子注入P区，这样相互注入的空穴与电子相遇后会产生复合，复合时产生的能量大部分以光的形式出现。光的波长也就是光的颜色是由形成PN结的材料决定的。

与传统灯泡相比，LED灯的优越之处在于：点亮时间快，比普通灯泡快0.5s，具有更强的抗振性能；发光纯度高，无须灯罩滤光，光波长误差在10N·m以内；发光热量很小，光束集中，易于配光控制；耗电量低，省电节油；使用寿命超长。

想一想：

夜间会车的时候，特别刺眼的光线是因为对面的车辆开了什么灯光？应该如何避免这种情况发生？

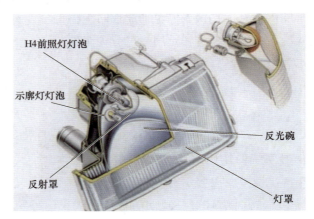

图3-89 氙气灯的结构

照明信号系统的维护与小总成更换	学习任务单	班级： 姓名：

1. 对前照灯的基本要求

1）应能保证车前有明亮而又均匀的照明，使驾驶人能够看清车前方_____m以内路面上的物体。随着汽车行驶速度的不断提高，要求道路照明的距离也越来越远。

2）前照灯应具有_____功能，避免夜间会车时不使对方驾驶人眩目。

2. 在转向状态下，如果其中一个转向灯损坏，同一侧的其他转向灯以正常模式下_____的频率闪烁。

3. 写出下图中数字所指模块的名称。

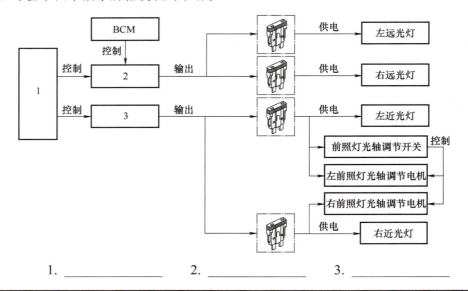

1._____ 2._____ 3._____

【任务实施】 照明信号系统的维护与小总成更换

扫一扫

照明信号系统的维护与小总成更换操作

【实训器材】

吉利 EV450 纯电动汽车、常用工具和维修手册等。

【作业准备】

检查举升机，将车辆在工位停放周正，铺好车内和车外护套。

【操作步骤】

一、确认使用功能正常

起动车辆，操作灯光开关，灯光组合开关，危险警告灯开关，顶灯、阅读灯等灯光开关，观察车辆是否正确产生灯光信号及照明。检查外部照明或信号灯光需要旋转灯光组合开关，检查远光灯、近光灯、前雾灯、示廓灯、牌照灯、转向灯、倒车灯、制动灯、后雾灯、紧急警告灯工作是否正常，检查仪表是否显示相应标识，检查组合开关各转换档间有无明显阻尼感。

二、照明信号系统低压线束及接插件清洁度、腐蚀、紧固的检查

检查各线束有无破损、固定点是否松动，各搭铁点连接是否牢靠、有无生锈松动现象，若有，应及时处理；检查各线束工作过程中有无过热现象，若有，查明原因检查各插接器卡扣有无损坏、松动现象，有无退针现象，如图 3-90 所示。

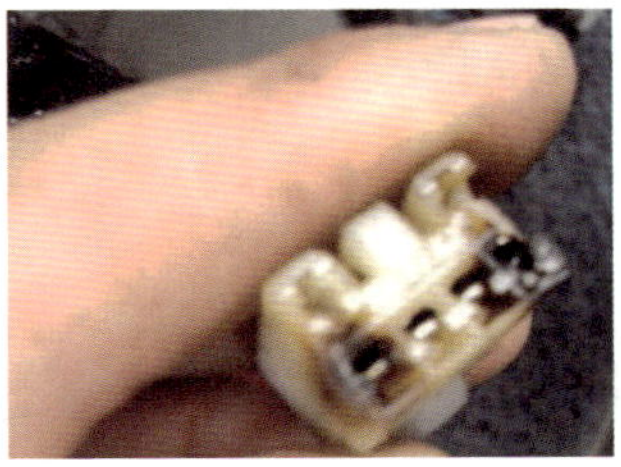

图 3-90　接插件的检查

三、灯泡的更换

一般汽车灯泡的更换可参见维修手册上的相关规定。此处以前照灯为例介绍汽车灯泡的更换。

1）断开辅助蓄电池负极电缆连接。

2）拆卸前保险杠。

3）拆卸前照灯。

操作示意图	操作方法	操作标准
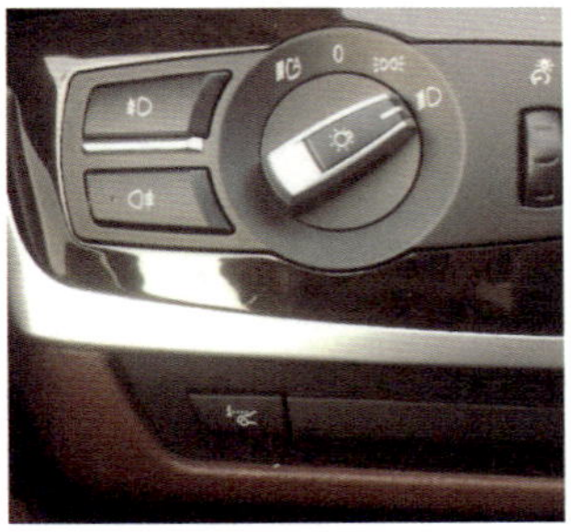	起动车辆，操作灯光开关，观察车辆灯光信号及照明是否正常。检查仪表是否显示相应标识，检查组合开关各转换档间有无明显阻尼感	各开关应正常操作

（续）

操作示意图	操作方法	操作标准
	检查各线束、各搭铁点、各插接器等是否正常，如有问题，需及时更换	检查应细致
	拆卸前照灯： 1）断开前照灯线束插接器 2）拆卸前照灯4个固定螺栓，取下前照灯 3）拧开前照灯后盖，拆卸灯泡 4）断开前照灯灯泡线束插接器 5）拆卸前照灯灯泡	拆卸应细致，不能损坏灯泡

（续）

操作示意图	操作方法	操作标准
	安装前照灯： 1）安装前照灯灯泡 2）连接前照灯灯泡线束插接器 3）拧上前照灯灯泡罩盖 4）安装前照灯总成 5）连接前照灯线束插接器	安装应正确卡位，螺栓拧紧力矩为20~25N·m
	前照灯的调整： 　　当开启近光灯时调整灯光高低旋钮，检查有无执行电动机转动的声音，判断工作是否正常；示廓灯开启后分别旋转仪表灯光亮度调节旋钮，检查仪表屏幕的亮度，应有明显变化	检查应耐心、细致

四、竣工检验

1）起动车辆，验证照明信号功能。

2）整理、恢复作业场地。

照明信号系统的维护与小总成更换	工作任务单	班级：
		姓名：

1. 车辆信息记录

品牌		整车型号		生产日期	
驱动电机型号		蓄电池电量		行驶里程	
车辆识别代号					

2. 作业场地准备

检查设置隔离栏	□是 □否
检查设置安全警示牌	□是 □否
检查灭火器压力、有效期	□是 □否
安装车辆挡块	□是 □否

3. 确认照明信号系统正常使用功能，记录使用现象

4. 照明信号系统低压线束及接插件清洁度、腐蚀、紧固的检查

低压线束及接插件清洁度的检查	□正常 □不正常
低压线束及接插件腐蚀的检查	□正常 □不正常
低压线束及接插件紧固的检查	□正常 □不正常

5. 灯泡的更换

查找维修手册，确定灯泡的类型与功率	型号：	功率：
灯泡的拆卸	□正常 □不正常	
灯泡的安装	□正常 □不正常	

6. 前照灯的调整

前照灯的调整	□正常 □不正常

7. 竣工检验

车辆是否正常上电	□是 □否
车辆照明信号系统是否正常工作	□是 □否

8. 作业场地恢复

拆卸车内三件套	□是 □否
拆卸翼子板布	□是 □否
将高压警示牌等放至原位置	□是 □否
清洁、整理场地	□是 □否

照明信号系统的维护与小总成更换		实习日期：	
姓名：	班级：	学号：	教师签名：
自评：□熟练 □不熟练	互评：□熟练 □不熟练	师评：□合格 □不合格	
日期：	日期：	日期：	

照明信号的维护与小总成更换【评分细则】

序号	评分项	得分条件	分值	评分要求	自评	互评	师评
1	安全/7S/态度	□1. 能进行工位7S操作 □2. 能进行设备和工具安全检查 □3. 能进行车辆安全防护操作 □4. 能进行工具清洁、校准、存放操作 □5. 能进行三不落地操作	15	未完成1项扣3分	□熟练 □不熟练	□熟练 □不熟练	□合格 □不合格
2	专业技能能力	□1. 能正确确认照明信号系统的功能 □2. 能正确进行照明信号系统低压线束及接插件清洁度、腐蚀、紧固的检查 □3. 能正确进行灯泡的更换 □4. 能正确进行前照灯的调整	50	未完成1项扣6分	□熟练 □不熟练	□熟练 □不熟练	□合格 □不合格
3	使用工具及设备的能力	□1. 能正确使用常用工具 □2. 能正确使用工具进行灯泡的更换	10	未完成1项扣3分	□熟练 □不熟练	□熟练 □不熟练	□合格 □不合格
4	资料、信息查询能力	□1. 能正确查询灯泡的规格 □2. 能正确使用维修手册查询资料 □3. 能正确记录查询资料章节及页码 □4. 能正确记录所需维护信息	10	未完成1项扣3分，扣分不得超过10分	□熟练 □不熟练	□熟练 □不熟练	□合格 □不合格
5	数据判断和分析能力	□1. 能判断照明信号系统低压线束及接插件的清洁度、腐蚀程度、紧固程度 □2. 能判断灯泡是否正常 □3. 能判断前照灯是否调整到位	10	未完成1项扣3分	□熟练 □不熟练	□熟练 □不熟练	□合格 □不合格
6	表单填写、报告撰写的能力	□1. 字迹清晰 □2. 语句通顺 □3. 无错别字 □4. 无涂改 □5. 无抄袭	5	未完成1项扣1分	□熟练 □不熟练	□熟练 □不熟练	□合格 □不合格

总分：

任务四　喇叭与蓄电池的维护与小总成更换

【学习目标】

知识目标：

1）掌握蓄电池的结构。

2）掌握蓄电池的工作原理及其特性。

技能目标：

1）具有进行喇叭的检查与更换的能力。

2）具有进行蓄电池的性能检测的能力。

3）具有对蓄电池进行充电、更换的能力。

4）具有对喇叭与蓄电池低压线束、蓄电池极桩的清洁度、腐蚀、紧固情况进行检查的能力。

素养目标：

1）在操作过程中树立高压安全意识。

2）通过制订故障检修流程，培养学生分析问题和解决问题的能力。

3）能在工作结束后按照 7S 管理规定整理、恢复作业场地，养成良好的工作习惯。

4）以城市鸣笛的噪声问题引导学生讨论，培养学生噪声污染保护意识。

【任务描述】

一辆 2018 款吉利 EV450 纯电动汽车被送到 4S 店进行维护。请根据电动汽车维护的需求，完成喇叭与蓄电池的维护工作。

【获取信息】

一、认识汽车喇叭

汽车喇叭是用来警告路上车辆或行人的警告装置，其种类主要有电磁式和电子式等两类，如图 3-91 所示。

图 3-91 汽车喇叭
a）电磁式 b）电子式

1. 电磁式喇叭

将一片薄钢板周围固定，中央放置电磁铁，当开关闭合时，电磁铁产生吸力吸引钢板，开关断开时，钢板因为本身的弹性弹回，产生振动，即可发出声波，如图 3-92 所示。

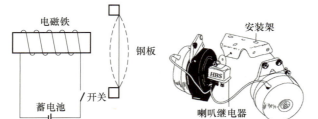

图 3-92 电磁式喇叭

2. 电子式喇叭

电子式喇叭的发音体采用压电元件，如图 3-93 所示，以产生悦耳的声音，电子式喇叭具有省电、低噪声等优点。

想一想：

城市里有些地段会树立一个禁止鸣笛的标识，为什么会有这样的标识？

_____

_____

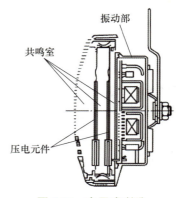

图 3-93 电子式喇叭

二、认识汽车辅助蓄电池

铅酸蓄电池作为电动汽车低压电源,为车身电器和蓄电池管理系统提供电能。其电压不足时,由动力蓄电池通过 DC/DC 装置补充电能。吉利帝豪 EV 系列电动汽车采用免维护铅酸蓄电池,由 6 个单体蓄电池串联而成,由极板、隔板、电解液、外壳、极桩及电量观察窗组成,如图 3-94 所示。

图 3-94 汽车辅助蓄电池

三、蓄电池的容量

蓄电池容量标志着蓄电池的对外供电能力,是蓄电池的主要性能参数。蓄电池的容量是指在放电允许的范围内,蓄电池输出的电量,即容量 C 等于放电电流 I_f 与放电时间 t_f 的乘积

$$C=I_f t_f$$

蓄电池的容量常用以下 3 类指标:

(1)20h 率额定容量 20h 率额定容量指完全充足电的蓄电池,在电解液温度为 25℃时,以 20h 放电率的电流连续放电到 12V 蓄电池端电压降到为(10.50±0.05)V;6V 蓄电池端电压降到(5.25±0.02)V 时所输出的电量,用 C_{20} 表示,单位为 A·h。

(2)储备容量 储备容量指完全充足电的蓄电池,在电解液温度为(25±2)℃时,以 25A 电流放电至 12V 蓄电池端电压达(10.50±0.05)V、6V 蓄电池端电压达(5.25±0.02)V 时,放电所持续的时间,用 RC 表示,单位为 min。

(3)低温起动电流 低温启动电流(Cold Cranking Ampere,CCA)指在 –17.8℃时充满电的铅酸蓄电池通过恒电流放电,在 30s 内电压刚好降至 7.2V 时的电流。

喇叭与蓄电池的维护与小总成更换	学习任务单	班级:
		姓名:

1. 蓄电池在正常使用过程中,需定期掌握蓄电池的_____,避免蓄电池无故不工作,导致车辆无法起动。

2. 观察蓄电池电量指示器的颜色,下图中蓄电池的状态为_____。

(续)

3. 写出下图中数字所指模块的名称。

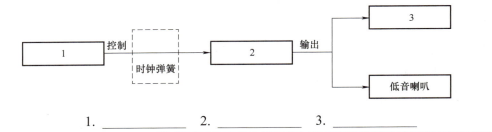

1. _____   2. _____   3. _____

 喇叭与蓄电池的维护与小总成更换

【实训器材】

吉利 EV450 纯电动汽车、蓄电池充电机、常用工具和维修手册等。

【作业准备】

检查举升机,将车辆在工位停放周正,铺好车内和车外护套。

扫一扫

喇叭与蓄电池的维护与小总成更换操作

一、确认正常使用功能

操作示意图	操作方法	操作标准
	起动车辆,按下喇叭,听一下喇叭的声音是否正常	听音应仔细

二、喇叭的检查与更换

操作示意图	操作方法	操作标准
	拆卸高音喇叭: 1)断开喇叭线束插接器 2)拆卸喇叭固定螺栓	线束插接器卡扣不应断裂

项目三　整车常规维护与小总成更换

(续)

操作示意图	操作方法	操作标准
	安装高音喇叭： 1）紧固喇叭固定螺栓 2）连接喇叭线束插接器	螺栓拧紧力矩为20~25N·m

三、蓄电池的性能检测

操作示意图	操作方法	操作标准
	检查蓄电池外观有无破损、电解液有无泄漏；检查蓄电池极桩是否氧化，如氧化，用砂纸打磨并清理干净；检查正、负极电缆夹是否松动，若松动予以紧固；检查蓄电池电量观察窗口是否为绿色，若不是，用万用表检查蓄电池电压是否正常（大于12V）	检查应仔细
	蓄电池放电电流测试： 1）将起动开关置于OFF档，关闭车门及所有用电设备 2）确认车内所有用电设备处于关闭状态 3）拆掉蓄电池负极极桩线束 4）万用表一表笔接于蓄电池负极极桩，另一表笔接于蓄电池负极线。这时万用表会显示一个电流，电流的大小会随着时间的延长而变化 5）1min后电流会下降到最小值，读取该数值。该电流正常值应小于30mA，若大于该值，说明车辆用电设备有漏电之处，应予以排除	万用表使用时不要短路
	使用专业的蓄电池测试仪对蓄电池状态进行检查，测试仪会以直观的方式显示出低温起动电流参数和蓄电池是否有充电或更换的必要	数据读取应正确

四、蓄电池的充电、更换

操作示意图	操作方法	操作标准
	蓄电池的充电： 1）将蓄电池正极接充电机电源正极，蓄电池负极接充电机电源负极，进行充电 2）充电前，按照充电设备的额定电压和额定电流将要充电的蓄电池连接起来。串联的蓄电池的总电压不能大于充电设备的额定电压 3）定电流充电的充电电流是根据蓄电池的容量来选择的。定电流充电分为两个阶段进行。阶段一的充电电流是蓄电池额定容量的 1/10，阶段二的充电电流是蓄电池额定容量的 1/20 4）如果电解液"沸腾"，同时出现气泡，表明充电完毕	应正常连接电源，避免短路
	拆卸蓄电池时，先拆下负极电缆，安装时先连接负极电缆	拆卸或安装蓄电池时，应确保车辆起动开关处于关闭状态，否则可能导致电子元器件的损坏
	检查各线束、各搭铁点、各插接器、蓄电池极桩、蓄电池接线端子的情况，如出现问题，需及时处理	螺栓的拧紧力矩为 20~25N·m

五、喇叭与蓄电池低压线束、蓄电池极桩的清洁度、腐蚀、紧固的检查

检查各线束有无破损、固定点是否松动，各搭铁点连接是否牢靠、有无生锈松动现象，若有，及时处理；检查各线束工作过程中有无过热现象，若有，查明原因；检查各插接器卡扣有无损坏、松动现象，有无退针现象，如有，及时更换。检查蓄电池极桩的腐蚀情况，如有，可用砂纸进行打磨。检查蓄电池接线端子的紧固情况，如有松动，需拧紧处理。

六、竣工检验

1）起动车辆，验证喇叭与蓄电池的功能。
2）整理、恢复作业场地。

喇叭与蓄电池的维护与小总成更换		工作任务单	班级：	
			姓名：	

1. 车辆信息记录

品牌		整车型号		生产日期	
驱动电机型号		蓄电池电量		行驶里程	
车辆识别代号					

2. 作业场地准备

检查设置隔离栏	□是　□否
检查设置安全警示牌	□是　□否
检查灭火器压力、有效期	□是　□否
安装车辆挡块	□是　□否

3. 确认喇叭与蓄电池的正常使用功能，记录使用现象

4. 喇叭的检查与更换

喇叭声音是否正常	□正常　□不正常
喇叭是否需要更换	□是　□否

5. 蓄电池的性能检测

蓄电池的电压	
蓄电池的放电电流	
蓄电池是否需要更换	□是　□否

6. 蓄电池的充电

蓄电池充电是否完成	□是　□否

7. 喇叭与蓄电池低压线束、蓄电池极桩的清洁度、腐蚀、紧固的检查

线束的检查	□正常　□不正常
蓄电池极桩的检查	□正常　□不正常
蓄电池接线端子紧固的检查	□正常　□不正常

8. 竣工检验

车辆是否正常上电	□是　□否
车辆喇叭与蓄电池是否正常工作	□是　□否

9. 作业场地恢复

拆卸车内三件套	□是　□否
拆卸翼子板布	□是　□否
将高压警示牌等放至原位置	□是　□否
清洁、整理场地	□是　□否

喇叭与蓄电池的维护与小总成更换			实习日期：			
姓名：		班级：		学号：		教师签名：
自评：□熟练 □不熟练		互评：□熟练 □不熟练		师评：□合格 □不合格		
日期：		日期：		日期：		

喇叭与蓄电池的维护与小总成更换【评分细则】

序号	评分项	得分条件	分值	评分要求	自评	互评	师评
1	安全/7S/态度	□ 1. 能进行工位 7S 操作 □ 2. 能进行设备和工具安全检查 □ 3. 能进行车辆安全防护操作 □ 4. 能进行工具清洁、校准、存放操作 □ 5. 能进行三不落地操作	15	未完成 1 项扣 3 分	□熟练 □不熟练	□熟练 □不熟练	□合格 □不合格
2	专业技能能力	□ 1. 能正确确认喇叭与蓄电池的功能 □ 2. 能正确进行喇叭的检查与更换 □ 3. 能正确进行蓄电池的性能检测 □ 4. 能正确进行蓄电池的充电、更换 □ 5. 喇叭与蓄电池低压线束、蓄电池极桩的清洁度、腐蚀、紧固检查	50	未完成 1 项扣 6 分	□熟练 □不熟练	□熟练 □不熟练	□合格 □不合格
3	使用工具及设备的能力	□ 1. 能正确使用蓄电池充电机 □ 2. 能正确使用工具进行蓄电池的检测	10	未完成 1 项扣 3 分	□熟练 □不熟练	□熟练 □不熟练	□合格 □不合格
4	资料、信息查询能力	□ 1. 能正确查询蓄电池的型号与规格 □ 2. 能正确使用维修手册查询资料 □ 3. 能正确记录查询资料章节及页码 □ 4. 能正确记录所需维护保养信息	10	未完成 1 项扣 3 分，扣分不得超过 10 分	□熟练 □不熟练	□熟练 □不熟练	□合格 □不合格
5	数据判断和分析能力	□ 1. 能判断喇叭与蓄电池低压线束、蓄电池极桩的清洁度、腐蚀、紧固程度 □ 2. 能判断蓄电池的状态 □ 3. 能判断蓄电池是否需更换	10	未完成 1 项扣 3 分	□熟练 □不熟练	□熟练 □不熟练	□合格 □不合格
6	表单填写、报告撰写的能力	□ 1. 字迹清晰 □ 2. 语句通顺 □ 3. 无错别字 □ 4. 无涂改 □ 5. 无抄袭	5	未完成 1 项扣 1 分	□熟练 □不熟练	□熟练 □不熟练	□合格 □不合格

总分：

任务五　舒适娱乐系统的维护与小总成更换

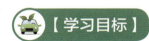

【学习目标】

知识目标：

1）掌握制冷剂的基础知识。

2）掌握制冷剂的特性。

技能目标：

1）具有正确进行高压安全防护与标准断电操作的能力。

2）具有进行车窗、天窗、座椅、电动后视镜、中控动作测试与初始化的能力。

3）具有对舒适娱乐系统高、低压线束及接插件清洁度、腐蚀、紧固检查的能力。

4）具有对空调系统的功能进行检查与滤芯更换的能力。

5）具有完成制冷剂的检查与更换的能力。

6）具有完成 PTC 加热器的检查与更换的能力。

素养目标：

1）在操作过程中树立高压安全意识。

2）通过制订故障检修流程，培养学生分析问题和解决问题的能力。

3）能在工作结束后按照 7S 管理规定整理、恢复作业场地，养成良好的工作习惯。

4）以臭氧层空洞的问题引导学生讨论，培养学生环境保护意识。

【任务描述】

一辆 2018 款吉利 EV450 纯电动汽车被送到 4S 店进行维护。请根据电动汽车维护的需求，完成舒适娱乐系统的维护工作。

【获取信息】

一、认识汽车制冷剂

1. 温度与热

温度是表示物体冷热程度的物理量。热是能量的一种，所有物体都含有热。当物体的热量升高或降低时，其温度和状态会改变。伴随物体状态变化的热量被称为潜热。物体依靠这些改变来散发或吸收热量，如图 3-95 所示。

2. 空调制冷原理

空调制冷是通过蒸发液体从周围环境吸收热量使车厢温度下降，然后使蒸发的气体冷却、液化并使之循环流动。

使气体变成液体，就必须使气体释放出热量，如果气体在高压下被压缩，则液化就相对容易些。在空调系统中，利用压缩机给气体加压，再用冷凝器从气体中吸收热量，如图 3-96 所示。

3. 制冷剂

在制冷系统中，将极易蒸发的制冷剂密封在系统管路内，制冷剂在系统内循环流动，重复地进行气体、液体的转变。制冷剂先是吸收车厢内空气的热量，然后流到车厢外释放热量，从而使车厢内温度下降达到制冷的目的。

在制冷系统中，用于转换热量并循环流动的物质称为制冷剂。目前，汽车空调系统中使用的制冷剂是 R134a。

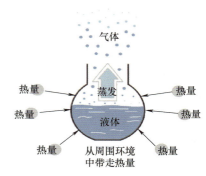

图 3-95 液体吸热蒸发示意图

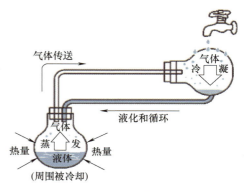

图 3-96 空调制冷原理图

二、对制冷剂的性能要求

1. 热力性能要求

1) 要求制冷剂的临界温度高。
2) 要求制冷剂的单位容积制冷量大。
3) 要求制冷剂的蒸发压力和冷凝压力适中。
4) 要求制冷剂的绝热指数小。

> **想一想：**
> 为什么现在汽车上已经不使用 R12 了？R12 对环境有着怎么样的影响？R134a 对环境有着怎样的影响？

2. 物理化学性能要求

对车用空调制冷剂物理化学性质的要求如下：

1) 黏度、密度小，以减小制冷剂在制冷系统中的流动阻力损失。
2) 热导率高，以提高热交换设备的传热系数，减小换热面积，降低材料消耗。
3) 使用安全。车用空调制冷剂应无毒、不燃烧、不爆炸。
4) 具有较好的化学稳定性和热稳定性。
5) 易于改变吸热与散热的状态，有很强的重复改变状态能力。

3. 环保性能要求

以前广泛使用的汽车空调制冷剂氟利昂（如 R11、R12）对大气中的臭氧有破坏作用，因此其生产和使用受到限制，已被禁止使用。目前，汽车空调均使用对大气臭氧无破坏、温室效应小的制冷剂。

三、制冷剂的命名

制冷剂是用 R 后跟一组编号的方法来命名的，其中 R 是制冷剂（Refrigerant）的第一个字母，如 R12、R134a、R22 等。R 后的数字或字母是根据制冷剂分子的原子构成按一定规则书写的。

也可采用 CFC、HCFC 或 HFC 来代替 R，以表示制冷剂分子的原子组成。CFC 表示制冷剂由氯原子、氟原子和碳原子组成。HCFC 表示制冷剂由氢原子、氯原子、氟原子和碳原子组成。HFC 表示制冷剂由氢原子、氟原子和碳原子组成。

四、制冷剂的性能特征

汽车空调制冷剂最早广泛使用的是 R12（CF_2Cl_2），即二氟二氯甲烷，后来出现了 R12 的替代产品 R134a（HFC134a），即四氟乙烷。当前，R744（CO_2）和 R1234yf（四氟丙烯）受到关注。R12、R134a、R744 及 R1234yf 制冷剂的物理、化学特性见表 3-18。

表 3-18 制冷剂的物理、化学特性

项目	R12	R134a	R744	R1234yf
学名	二氟二氯甲烷	四氯乙烷	二氧化碳	四氟丙烯
分子式	CF_2Cl_2	CH_2FCF_3	CO_2	$CF_3CF=CH_2$
相对分子质量	120.91	102.30	44.00	100.00

（续）

项目	R12	R134a	R744	R1234yf
沸点（1个大气压）/℃	−29.79	−26.19	−78.52	−29.00
凝固点 /℃	1577.8	−101	—	—
临界温度 /℃	111.80	101.14	31.10	95.00
临界压力 /MPa	4.125	4.065	7.380	0.673
临界密度 /(kg/m³)	558	1207	—	1094
0℃蒸发潜热 /(kJ/kg)	151.4	197.5	—	—
水中溶解度（1个大气压）（质量分数）(%)	0.28	0.15	—	—
燃烧性	不燃烧	不燃烧	不燃烧	不燃烧
臭氧破坏能力系数（ODP）	1.0	0	0	0
温室效应能力系数（GWP）	3.05	1.300	0	4

舒适娱乐系统的维护与小总成更换	学习任务单	班级：
		姓名：

1. 电动汽车空调制冷系统和传统汽车空调比较，只是压缩机驱动由机械式变成了_____，其制冷原理基本一致。

2. 电动汽车没有用来采暖的发动机余热，无法提供作为汽车空调冬天采暖的热源，因此电动汽车大都采用了_____进行加热。

3. 右图所示的工具为_____。

4. 写出下图中数字所指模块的名称。

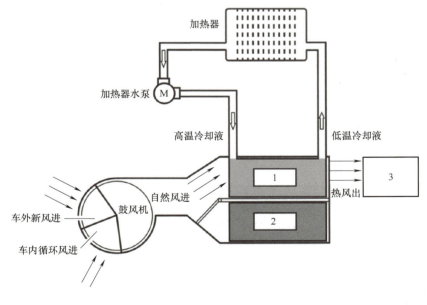

1. _____ 2. _____ 3. _____

扫一扫

车窗及空调功能检查

【任务实施】 舒适娱乐系统的维护与小总成更换

【实训器材】

吉利 EV450 纯电动汽车、汽车空调制冷剂加注回收设备、常用工具和维修手册等。

【作业准备】

检查举升机，将车辆在工位停放周正，铺好车内和车外护套。

【操作步骤】

一、确认使用功能正常

起动车辆，打开及关闭天窗、调节座椅等，看功能是否正常。关闭门窗，打开空调，检查空调效果。

二、高压安全防护与标准断电

按照标准规范完成本部分操作。

三、车窗、天窗、座椅、电动后视镜、中控动作测试与初始化

操作示意图	操作方法	操作标准
	车窗、天窗、座椅、电动后视镜、中控动作测试与初始化： 1）检查电动车窗开关、后视镜调整开关功能是否正常 2）检查各门窗玻璃升降器工作是否正常，有无异响、卡滞现象 3）检查左、右外后视镜各方向调节功能是否正常，调节过程中有无异响、卡滞现象 4）检查后视镜折叠功能、除霜功能是否正常 5）检查天窗功能是否正常	应按顺序完整检查

四、舒适娱乐系统高、低压线束及接插件清洁度、腐蚀、紧固的检查

操作示意图	操作方法	操作标准
	舒适娱乐系统高、低压线束及接插件清洁度、腐蚀、紧固检查： 检查各线束有无破损、固定点是否松动，各搭铁点连接是否牢靠、有无生锈松动现象，若有，及时处理；检查各线束工作过程中有无过热现象，若有，应查明原因；检查各插接器卡扣有无损坏、松动现象，有无退针现象，如有，及时更换	应按顺序完整检查，如有问题及时处理

五、空调系统的功能检查与滤芯更换

扫一扫

空调滤芯的更换

操作示意图	操作方法	操作标准
	检测空调系统功能： 1）操作风量调节按键 3，查看风量档位显示 2 的同时，检查出风量大小是否有变化，且是否和显示的风量档位相符 2）操作风向调节按键 9 和 8，检查风向功能 3）操作内外循环切换按键 7，检查内外循环功能是否工作 4）操作 A/C 按键 1，调节温度调节按键 4，同时查看温度显示 5，检查空调冷暖风功能是否正常工作 5）操作 AUTO 按键，查看空调自动控制功能是否工作 6）操作后除霜按键 6，检查左、右外后视镜和后窗除霜功能是否正常	应按顺序完整检查
	拆卸空调滤芯： 1）抽出空调滤芯安装壳 2）从空调滤芯安装壳上分离空调滤芯	拆卸不能使卡扣断裂
	安装空调滤芯： 1）将空调滤芯组装到空调滤芯安装壳上 2）插入空调滤芯安装壳	安装应细致、到位

193

六、制冷剂的检查与更换

1. 制冷剂的检查

1)制冷剂数量的检查,如图 3-97 所示,将空调检测用压力表组高、低压开关完全关闭,连接软管,选择合适的快速接头,把软管另一端和车辆侧的空调管道高、低压加注阀相连,启动空调制冷功能。在空调运行时,检查歧管压力表所显示的压力。空调制冷系统正常时,低压侧压力应为 0.15~0.25MPa,高压侧压力应为 1.37~1.57MPa。

2)制冷剂泄漏的检查。使用制冷剂检漏仪进行制冷剂泄漏检查。如图 3-98 所示,检查时,打开检漏仪开关,调整好灵敏度,用探头接近空调管道及各个连接部位。若接近部位有泄漏,指示灯会快速闪烁,警报器鸣叫频率会同步加快。

扫一扫
制冷剂回收加注

图 3-97 制冷剂的检查

图 3-98 制冷剂检漏仪

2. 制冷剂的更换

1)制冷剂更换的环境条件。

① 作业场地应通风良好。

② 作业场地禁止明火。

③ 作业时,维修人员应配备必要的安全防护设施,如防护手套和防护眼镜等,避免接触或吸入制冷剂和冷冻机油的蒸气及气雾。

2)制冷剂更换的流程。制冷剂更换的流程包括以下 8 个步骤:

操作示意图	操作方法	操作标准
	设备连接	设备的红色软管与系统高压端相连,蓝色软管与系统低压端相连
	打开汽车空调制冷剂加注回收设备电源开关	打开电源开关

194

项目三 整车常规维护与小总成更换

（续）

操作示意图	操作方法	操作标准
	按"数据库"键	正确选择按键
	查找加注量	正确查找信息
	检查工作罐中制冷剂净重	正确检查信息
	按"充注键"	正确选择按键
	进入充注界面	正确进入界面
	按"数字"键，选择充注量	正确输入信息
	根据提示"关闭低压阀，打开高压阀"	正确关闭和打开对应阀门

195

（续）

操作示意图	操作方法	操作标准
	按"确认"键进行充注	正确进行按键选择
	充注完成，关闭高压阀	正确关闭高压阀
	按"确认"键对管路进行清理	正确选择按键
	按"确认"键退出管路清理，关闭控制面板上的高、低压阀门	正确关闭高、低压阀门
	取下高、低压软管	正确取下相关软管
	打开空调	正确打开空调开关
	查找泄漏	如出现泄漏点，检漏仪会发出报警提示音

（续）

操作示意图	操作方法	操作标准
	压力检测	高压压力为 1.3~1.7MPa，低压压力为 0.15~0.25MPa
	出风口温度检测	出风口温度为 4~10℃

最后取下空调压力表组，完成制冷剂添加。

七、PTC 加热器的检查与更换

操作示意图	操作方法	操作标准
	拆卸 PTC 加热器总成： 1）断开加热器低压线束插接器 1 2）断开加热器高压线束插接器 2 3）拆卸加热器搭铁线束固定螺栓 3，脱开搭铁线束 4）拆卸加热器进水管环箍，脱开加热器进水管 1 5）拆卸加热器出水管环箍，脱开加热器出水管 2 6）拆卸加热器支架左、右各 3 个固定螺栓	应按顺序进行拆卸，拆卸水管时，需要用容器接住流下来的液体

扫一扫

PTC 模块的更换

（续）

操作示意图	操作方法	操作标准
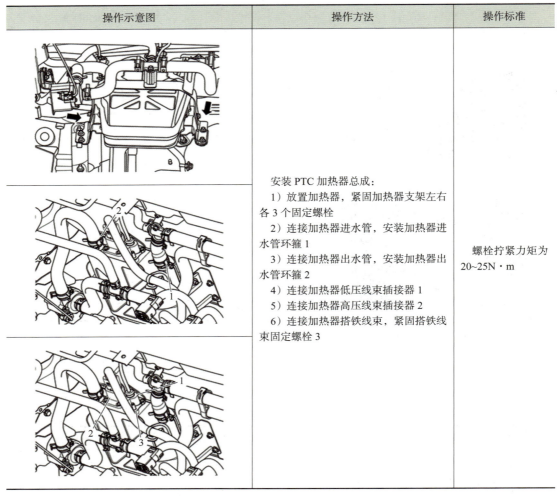	安装 PTC 加热器总成： 1）放置加热器，紧固加热器支架左右各 3 个固定螺栓 2）连接加热器进水管，安装加热器进水管环箍 1 3）连接加热器出水管，安装加热器出水管环箍 2 4）连接加热器低压线束插接器 1 5）连接加热器高压线束插接器 2 6）连接加热器搭铁线束，紧固搭铁线束固定螺栓 3	螺栓拧紧力矩为 20~25N·m

八、竣工检验

1）起动车辆，验证舒适娱乐系统的功能。

2）整理、恢复作业场地。

舒适娱乐系统的维护与小总成更换	工作任务单	班级：		
		姓名：		
1. 车辆信息记录				
品牌		整车型号		生产日期	
驱动电机型号		蓄电池电量		行驶里程	
车辆识别代号					
2. 作业场地准备				
检查设置隔离栏				□是 □否
检查设置安全警示牌				□是 □否
检查灭火器压力、有效期				□是 □否
安装车辆挡块				□是 □否

（续）

3. 确认高压安全防护与标准断电		

4. 车窗、天窗、座椅、电动后视镜、中控动作测试与初始化		
车窗动作测试与初始化	□正常	□不正常
天窗动作测试与初始化	□正常	□不正常
座椅动作测试与初始化	□正常	□不正常
电动后视镜动作测试与初始化	□正常	□不正常
中控动作测试与初始化	□正常	□不正常
5. 舒适娱乐系统高低压线束及接插件清洁度、腐蚀、紧固的检查		
清洁度检查	□正常	□不正常
腐蚀检查	□正常	□不正常
紧固检查	□正常	□不正常
6. 空调系统的功能检查与滤芯更换		
空调功能	□正常	□不正常
滤芯更换	□完成	□未完成
7. 制冷剂的检查与更换		
制冷剂的检查	□正常	□泄漏
制冷剂的更换	□完成	□未完成
8. PTC加热器的检查与更换		
PTC加热器的检查	□完成	□未完成
PTC加热器的更换	□完成	□未完成
9. 竣工检验		
车辆是否正常上电	□是	□否
车辆是否正常使用舒适娱乐系统	□是	□否
10. 作业场地恢复		
拆卸车内三件套	□是	□否
拆卸翼子板布	□是	□否
将高压警示牌等放至原位置	□是	□否
清洁、整理场地	□是	□否

舒适娱乐系统的维护与小总成更换			实习日期：			
姓名：		班级：		学号：		教师签名：
自评：□熟练 □不熟练 日期：		互评：□熟练 □不熟练 日期：		师评：□合格 □不合格 日期：		

舒适娱乐系统的维护与小总成更换【评分细则】							
序号	评分项	得分条件	分值	评分要求	自评	互评	师评
1	安全/7S/态度	□1. 能进行工位 7S 操作 □2. 能进行设备和工具安全检查 □3. 能进行车辆安全防护操作 □4. 能进行工具清洁、校准、存放操作 □5. 能进行三不落地操作	15	未完成1项扣3分	□熟练 □不熟练	□熟练 □不熟练	□合格 □不合格
2	专业技能能力	□1. 能正确进行高压安全防护与标准断电 □2. 能正确进行车窗、天窗、座椅、电动后视镜、中控动作测试与初始化 □3. 能正确进行舒适娱乐系统高、低压线束及接插件清洁度、腐蚀、紧固检查 □4. 能正确进行空调系统的功能检查与滤芯更换 □5. 能正确进行制冷剂的检查与更换 □6. 能正确进行 PTC 加热器的检查与更换	50	未完成1项扣6分	□熟练 □不熟练	□熟练 □不熟练	□合格 □不合格
3	使用工具及设备的能力	□1. 能正确使用汽车空调制冷剂加注回收设备 □2. 能正确使用工具进行制冷剂的更换	10	未完成1项扣3分	□熟练 □不熟练	□熟练 □不熟练	□合格 □不合格
4	资料、信息查询能力	□1. 能正确查询制冷剂的型号与规格 □2. 能正确使用维修手册查询资料 □3. 能正确记录查询资料章节及页码 □4. 能正确记录所需维护信息	10	未完成1项扣3分，扣分不得超过10分	□熟练 □不熟练	□熟练 □不熟练	□合格 □不合格
5	数据判断和分析能力	□1. 能判断舒适娱乐系统高、低压线束及接插件清洁度、腐蚀、紧固程度 □2. 能判断制冷剂的状态 □3. 能判断空调系统功能的状态	10	未完成1项扣3分	□熟练 □不熟练	□熟练 □不熟练	□合格 □不合格
6	表单填写、报告撰写的能力	□1. 字迹清晰 □2. 语句通顺 □3. 无错别字 □4. 无涂改 □5. 无抄袭	5	未完成1项扣1分	□熟练 □不熟练	□熟练 □不熟练	□合格 □不合格

总分：

参 考 文 献

[1] 郑军武,吴书龙.新能源汽车技术[M].长春:东北师范大学出版社,2016.
[2] 罗宏亮,汪亮,李小燕.新能源汽车维护与保养[M].成都:西南交通大学出版社,2020.
[3] 包丕利.新能源汽车维护与保养[M].北京:机械工业出版社,2017.
[4] 蔡兴旺.新能源汽车结构与维修[M].北京:机械工业出版社,2014.
[5] 李元群,黄春耀,陈永进.新能源汽车维护[M].北京:机械工业出版社,2021.
[6] 张家佩,许平.新能源汽车动力电池管理及维护技术[M].北京:电子工业出版社,2020.